BUSINESS PRATIQUE

SERVICE CLIENT

PRINCIPES INCONTOURNABLES FONDAMENTAUX

Dr Philippe Massol
https://www.linkedin.com/in/philippemassol/

SOMMAIRE

INTRODUCTION

Prendre le leadership du service client de votre secteur pourrait vous amener à gagner bien plus d'argent que vous ne le pensez, et pas seulement en fidélisant vos clients. Dans ce livre, vous verrez que le service client n'est pas une charge, mais peut au contraire être un investissement rentable si c'est bien fait.

Le service à la clientèle est un élément important dans la réussite d'une entreprise. C'est dans l'interaction qu'un client peut avoir avec le service client qu'il va se faire une idée de la qualité générale des produits de votre entreprise, et c'est plus particulièrement vrai si le client a un problème qu'il veut résoudre. En effet, c'est quand quelque chose se passe mal que le client va pouvoir se faire une idée du sérieux d'une entreprise.

Il y a quelques années, j'ai acheté un ordinateur notebook à 250 €. Le chargeur qui était dans la boîte ne fonctionnait pas. Je suis retourné dans la boutique où j'avais acheté l'ordinateur pour expliquer mon problème et changer le chargeur d'autant qu'il y avait un ordinateur équivalent en démonstration avec un chargeur qui marche. La réponse du vendeur de la boutique a été cinglante : « maintenant que vous l'avez acheté, ce n'est plus notre problème, vous n'avez qu'à vous adresser au constructeur ». Autant vous dire que cette aventure est devenu mon exemple fétiche de ce qu'était un mauvais service client, et dans toutes mes formations, je cite nommément cette boutique. Ma mésaventure aurait pu s'arrêter là, mais le service client du constructeur était quasi injoignable au téléphone, il m'a fallu deux jours pour joindre quelqu'un, et une fois quelqu'un au téléphone, j'ai appris que le délai pour m'envoyer un nouveau chargeur était de trois semaines. J'ai donc été obligé d'acheter un chargeur à mes frais. À l'inverse, si le fabricant de l'ordinateur avait résolu rapidement mon problème, il est probable que cela aurait amélioré ma perception de la valeur de sa marque. Cette marque serait devenue un choix prioritaire dans le futur, car « si ça se passe mal, ils résolvent le problème ». Retenez cette chose importante : quand vous résolvez les problèmes des clients avec efficacité, vous les transformez en clients fidèles, car ils estiment ne plus prendre de risque à acheter vos produits ou vos services. Par contre, 95 % des consommateurs partageront une mauvaise expérience client avec plus de cinq personnes. En conclusion, un bon service client rassure les clients, il leur donne l'opportunité de parler de votre entreprise en bien et permet à votre entreprise de se différencier des concurrents, chose importante si les produits que vous proposez ne sont pas si différents de ceux des concurrents.

1

UN BON SERVICE CLIENT CRÉE DE LA VALEUR

LES ENJEUX DU SERVICE CLIENT

Le rôle du service client

L'enjeu de la relation avec les clients varie en fonction du type de compétition que rencontre votre entreprise. Il existe quatre grands types de compétitions qui dépendent de deux facteurs : la facilité à innover d'une part, et la vitesse à copier le meilleur d'autre part. Il existe certains types de compétition dans lesquels l'enjeu de la relation avec le client n'est pas essentiel. Par exemple, dans les systèmes compétitifs dits « systèmes spécialisés » dans lequel l'entreprise propose un ou des produits uniques au monde et incontournables, la grande majorité des entreprises se trouve dans un système compétitif qu'on appelle « système en impasse concurrentiel ». C'est un système qui porte mal son nom, car ce n'est pas une impasse, mais une façon particulière de gérer la relation client. En effet, on trouve dans ces systèmes compétitifs tous les business dont le nombre d'entreprises proposant des produits similaires ou équivalents est important, et dans lesquels, si une des entreprises essaie de se démarquer par des offres innovantes, elle est très rapidement copiable. Dans ces systèmes compétitifs, les clients n'achètent pas vos produits parce qu'ils sont bien, ils achètent vos produits parce qu'ils vous aiment bien. Il faut donc être agréable et rendre le client heureux quand c'est possible. Ainsi, à moins de travailler au service client d'une entreprise aux produits uniques au monde et incontournables, le premier rôle du service client est d'être agréable avec les clients, et dans la mesure du possible, faire en sorte qu'ils soient plus heureux après l'interaction avec le service, qu'avant.

Développez un service client exemplaire

Pensez à un moment où vous avez eu une expérience positive en contactant un service client. Le conseiller était-il sympathique ? Le service client a-t-il été facile à joindre ? Comment votre problème a-t-il été pris en charge ? Vous êtes-vous senti compris ?

Si cela a été une expérience positive, vous vous en souvenez probablement encore. Une expérience positive du service client laisse une impression durable et une image positive importante pour l'entreprise, car le client est susceptible de partager son expérience avec ses amis et sa famille, et même, grâce au pouvoir des réseaux sociaux, avec un grand nombre d'inconnus. Un seul commentaire négatif ou positif peut parfois avoir un impact majeur sur la réputation d'une entreprise. Quand nous sommes clients, si nous sommes très satisfaits du service client, cela rassure et augmente la fidélité.

Une autre raison pour laquelle vous devriez offrir un excellent service client, est que les statistiques montrent qu'il est plus facile de vendre à un client existant qu'à un nouveau client. Plutôt que de courir derrière les nouveaux clients, il est préférable de consolider la base de clients existants. Il est alors parfois difficile de comprendre les politiques commerciales de certaines entreprises qui favorisent les nouveaux clients au détriment des anciens. Le bouche-à-oreille positif générera également des ventes supplémentaires sans avoir à faire un effort commercial coûteux. Les bénéfices seront aussi internes à l'entreprise : les problèmes à résoudre dans le futur pour les clients sont moindres et un excellent service client apporte une fierté aux équipes. C'est particulièrement motivant pour les salariés qui affectionnent les relations humaines que l'analyse transactionnelle définit comme des relations parent/enfant, l'enfant étant le client dans la relation.

Malgré l'importance du service client, une étude du cabinet HCG a montré que la qualité du service après-vente était globalement jugée médiocre par les clients alors que les entreprises ne semblent pas s'en inquiéter. Selon cette étude, les contacts humains sont peu satisfaisants, quel que soit le canal. Les échanges écrits par mail enregistrent les plus mauvais scores avec une note de 4 sur 20, celle du courrier postal à 0,1 sur 20 et seulement 30 % des courriels et 1 % des lettres envoyées ont trouvé une réponse. Le service client est un peu mieux : les standards obtiennent 9 sur 20 et, dans plus de 50 % des cas, l'appelant n'a pas obtenu l'information qu'il cherchait. L'une des raisons majeures invoquées est le manque de formation.

Quel que soit l'avis que vous portez sur votre propre service client, essayez de le comparer aux services clients des concurrents et essayez de faire un mieux puisque la réputation et le chiffre d'affaire qui en découle y sont étroitement liés.

Le défi de définir un service client exemplaire

Proposer un service client exemplaire se fait relativement à la concurrence. Comment le définir ?

Un mauvais service client correspond à une situation où l'expérience vécue par le client est pire que ce qu'il imaginait a priori. Par exemple, le chargeur de l'ordinateur que vous venez d'acheter ne fonctionne pas, vous vous attendez à ce qu'on vous le change, mais finalement il n'en est rien et vous devez vous débrouiller seul avec votre problème. On se rappelle d'un mauvais service client et l'on a envie de partager sa mauvaise expérience pour éviter le problème à d'autres.

Un bon service client correspond à un service client qui satisfait le client qui imaginait les choses se passer comme elles se sont passées. Par exemple, un client s'attend à ce que vous soyez amical et vous l'êtes. Mais un bon service client ne mérite pas qu'on en parle et il ne vous permettra pas de vous démarquer de la concurrence.

Enfin, un excellent service client dépasse les attentes a priori de vos clients. Ainsi, si votre client s'attend à ce que vous soyez sympathique, vous allez plus loin en personnalisant l'interaction, par exemple en utilisant son nom et en engageant une conversation sur un thème qui l'intéresse et qui n'est pas forcément lié au problème ayant conduit à l'interaction avec le service client. Dans le cas d'un service client exemplaire, le client a généralement l'impression que quelqu'un veut faire tout son possible pour l'aider. Ainsi, le service client Apple a passé quatre heures au téléphone avec moi pour m'aider à reconfigurer le disque dur défaillant. Je n'en attendais pas tant : je pensais qu'on me donnerait les instructions et que je devrais rappeler plusieurs fois et raconter de nouveau mon problème. Aujourd'hui, j'ai trouvé cette façon de faire tellement efficace que je suis frustré des services clients qui bâclent l'interaction pour aller au plus vite.

Il est difficile de définir un excellent service client, et cela pour plusieurs raisons :

1) Premièrement : la perception des problèmes varie en fonction des clients. Le caractère de chacun est différent, certains sont plus ou moins patients, plus ou moins angoissés, plus ou moins pressés. Il est

difficile de définir un standard des attentes clients. Parfois, des clients sont contents alors que le service client n'a rien fait de spécial, parfois ils sont furieux alors que tout a été mis en œuvre pour les aider.

2) Deuxièmement : les attentes d'un même client fluctuent en fonction du contexte. Ainsi, un produit non livré le 23 décembre et acheté dans la perspective de l'offrir à Noël sera un problème difficile à résoudre, car il faudra dans tous les cas un cadeau à offrir à cet acheteur. Le même retard de livraison pour le même produit vendu au même acheteur dans un autre contexte pourra être un problème bien moins important et ce même acheteur pourra être beaucoup plus patient.

Pour résoudre cela, il est judicieux de prendre les clients comme autant de cas uniques et de s'adapter leur humeur du moment.

La perméabilité de la valeur : raison d'être du service client.

Le service client est souvent perçu comme un coût qu'il faut réduire. C'est méconnaître la notion de perméabilité de la valeur.

La perméabilité de la valeur veut dire que la perception positive de quelque chose peut déteindre positivement sur d'autres activités de l'entreprise. Bien entendu, l'exemple le plus classique est l'image de marque : si un client fait confiance à une marque pour un produit donné, elle lui fera confiance pour un produit qu'il n'a encore jamais acheté. Mais il ne s'agit pas seulement d'histoires d'image de marque : imaginons que vous possédez un restaurant étoilé au Michelin. Le problème est que le sol est très sale et ça sent les égouts. Si l'on demande à un client s'il a apprécié le repas, il est probable qu'il vous dise non. L'erreur serait d'essayer d'améliorer la qualité du repas, plutôt que de nettoyer le sol et se débarrasser de l'odeur d'égouts. Quand un client évalue la qualité d'un repas, il ne peut pas faire la distinction entre la qualité du repas et la qualité de l'environnement, qu'il en soit conscient ou pas. C'est une erreur souvent commise. Certes, le repas est le produit principal, mais l'environnement fait partie de l'offre. Bizarrement, ce n'est pas pris en compte par les restaurateurs et beaucoup n'ont toujours pas compris qu'il y a une perméabilité entre la perception qu'on a de la propreté des toilettes d'un restaurant et la perception qu'on a de la qualité du repas. Si les toilettes sont immondes, on a du mal à apprécier le repas, peu importe la qualité du repas.

Il en va de même avec le service client. Certes, ce n'est pas le produit principal, mais le client perçoit la valeur en tant qu'expérience client : il lui est difficile de ne pas attribuer une valeur globale à son achat, environnement compris. Et cela est dû à la perméabilité dans la valeur. Il y a quelques années, une entreprise très connue proposait des imprimantes dont les cartouches d'encre contenaient les buses d'impression, ce qui veut dire que quand vous changiez la cartouche, c'était comme avoir une imprimante neuve. J'achète une de leurs imprimantes et je désire acheter une extension de garantie, à acheter uniquement auprès de leur service client téléphonique. J'ai été passé d'agent en agent, passant trois fois par le même pour qu'il me dise finalement qu'il en avait marre de m'avoir au téléphone et qu'il me raccroche au nez. Le temps passe, l'imprimante tombe en panne, j'appelle le service client qui m'avait recommandé d'acheter un nouveau lot d'encres hors de prix pour voir si cela venait de là. L'imprimante ne fonctionnant toujours pas, je rappelle le service client qui me propose une réduction de 20 % sur l'achat d'une imprimante compatible avec les cartouches d'encre achetée. Avec la réduction, l'imprimante me revenait plus cher que de l'acheter sans réduction ailleurs. Conséquence de la combinaison de ces deux événements : j'ai sacrifié les cartouches neuves, et j'ai changé de marque pour le principe. Je n'ai plus jamais aucun produit de cette entreprise depuis, et je ne manque pas de citer l'entreprise dans mes formations présentielles, et cela peu important la qualité réelle des imprimantes.

Le principe de perméabilité de la valeur a une telle influence, que la valeur perçue des produits ct services que vous vendez peut-être profondément augmentée ou diminuée par la qualité de votre service client. On peut même dire que la perméabilité de la valeur est la raison d'être du service client.

Les entreprises ont toujours l'impression d'avoir un très bon service client

Quand un employé est en relation avec un client, son comportement a une influence immédiate et des conséquences sur le business de votre entreprise. Il n'y a pas de seconde chance pour laisser une bonne impression. Or, ce qui compte, ce n'est pas que votre service client pense bien faire, ce qui compte, c'est que les clients soient satisfaits. Or, une étude a montré que 80 % des managers pensent que leur entreprise propose un excellent service client, mais seulement 8 % des clients des entreprises analysées partagent la même opinion. En effet, les employés des entreprises surestiment toujours la qualité de leurs produits et de leurs services par rapport à la concurrence. Petite illustration, j'ai formé les commerciaux d'une grande marque française qui vend du jambon. Dans l'une des diapositives, j'ai montré un jambon de leur concurrent direct. Que de cris dans la salle : « ils sont nuls, on fait de meilleurs produits, cette marque ne vaut pas un clou ». J'avoue avoir été très étonné parce que, honnêtement, j'ai déjà mangé des jambons des deux grandes marques françaises en question, et je ne vois strictement aucune différence.

Plus embêtant, le phénomène appelé, effet de Dunning-Kruger. L'effet de Dunning-Kruger est un biais de la perception de ses capacités qui se traduit par une surconfiance de la part des personnes les moins qualifiées et les plus incompétentes. En effet, les personnes incompétentes n'arrivent pas à reconnaître objectivement leur incompétence et n'arrivent pas à évaluer leurs capacités réelles, et du coup, elles tendent à surestimer leur niveau de compétence. Pire les personnes incompétentes n'arrivent pas à reconnaître la compétence de ceux qui la possèdent réellement et pensent faire aussi bien. La bonne nouvelle est que si l'on forme ces personnes et qu'on améliore significativement leurs compétences réelles, elles peuvent reconnaître, rétrospectivement, qu'elles n'étaient pas compétentes. Le problème est que les personnes incompétentes, se surestimant, estiment qu'elles n'ont pas besoin de suivre les formations puisqu'elles pensent parfaitement maîtriser le sujet. Il est donc nécessaire, parfois, d'imposer des formations. Mais même dans ce cas, il n'est pas sûr à 100 % que cela va fonctionner, car certaines personnes ont une tellement haute opinion d'elles-mêmes qu'elles sont complètement hermétiques à toute remise en cause et toute nouvelle information. L'effet de Dunning-Kruger montre aussi qu'à l'inverse, les personnes les plus compétentes auraient tendance à sous-estimer leur niveau de compétence et penseraient à tort que des tâches faciles pour elles le sont aussi pour les autres.

En conclusion, quel que soit l'avis que vous avez sur votre propre service client, cela vaut toujours la peine de remettre les choses à plat et rediscuter avec son équipe pour réexaminer le plus objectivement possible la façon dont les clients perçoivent votre service client.

PRENDRE LE LEADERSHIP CRÉE DE LA VALEUR

Trois raisons de prendre le leadership du service client

Que veut dire prendre le leadership du service client ? La première chose qui vient à l'esprit est d'être un élément moteur qui va proposer des nouveautés en termes de service client, et ces nouveautés seront montrées comme un exemple. Elles deviendront peut-être même un standard dans le secteur plus tard. Mais revenons à ce qu'est le leadership. Le leadership est la capacité d'une personne à influencer et à fédérer un groupe, pour atteindre un but commun, dans une relation de confiance mutuelle, et pour une durée limitée. Le leadership est une autorité d'influence, basée les relations que le leader noue avec les membres d'un groupe. Être un leader est une reconnaissance, et non un statut.

Une entreprise qui a le leadership du service client dans un secteur d'activité est celle qui détient une légitimité acquise par la reconnaissance des clients et, éventuellement, des concurrents. Cette autorité existe, car il existe une relation de confiance entre l'entreprise et ses clients, et parce qu'il y a une écoute réciproque : quand les clients se plaignent, l'entreprise prend en compte ces remarques et résout ce problème pour tous les clients, même ceux qui ne se plaignent pas.

Le leadership est en général transitoire, car les attentes des clients peuvent évoluer, la qualité du service client se dégrader, ou les concurrents proposer mieux. Dans ces conditions, pourquoi se préoccuper de prendre le leadership du service client dans son secteur ? D'autant plus que le service client est souvent considéré comme un coût qu'il faut réduire au minimum ! Pourtant, les entreprises qui réussissent proposent un service client de qualité. Pensez-vous qu'Apple a réussi en minimisant au maximum les coûts ? En fait son service client a parmi les plus hauts taux de satisfaction au monde ! Pensez-vous que ce soit complètement indépendant de leur réussite ?

Prendre le leadership du service client est important pour trois raisons.

1) Première raison : les attentes clients évoluent rapidement et vous pouvez donc perdre des clients très rapidement. En effet, lorsque ceux-ci expérimentent une innovation dans le service client chez un concurrent, ils commencent à attendre la même chose des autres et n'hésiteront pas à vous abandonner. Pourquoi pensez-vous que les VTC fonctionnent si bien ? Uniquement pour le service apporté au client. Pourquoi le site Booking.com a-t-il capté de tels volumes de réservations dans les hôtels ? Simplement parce que c'est plus facile de gérer toutes ses réservations sur un seul site que de devoir se rendre sur les dix sites des dix grandes chaînes d'hôtellerie, ou pire, de devoir appeler au téléphone.

2) Deuxième raison : il est aujourd'hui facile pour les clients de parler aux autres clients d'une mauvaise expérience grâce aux réseaux sociaux. Un mauvais service client vous condamne à mort, un service client moyen vous rend inexistant, un excellent service client fait de vos clients des ambassadeurs qui vous permettront au minimum de ne pas perdre de clients, au mieux d'en gagner des nouveaux.

3) Troisième raison : le service client a la capacité d'apporter une valeur ajoutée supplémentaire à vos offres, mais aussi à d'autres services de votre entreprise. En effet, c'est le service client qui voit les signes avant-coureurs de problèmes de produits ou de services. C'est le service client qui peut identifier un problème de communication dû à des modes d'emploi mal rédigés, ou des problèmes techniques qui n'étaient pas apparus lors de phase de test.

En conclusion, le service client est en mouvement perpétuel parce qu'il doit s'adapter aux besoins des clients. Prendre le leadership, c'est s'assurer que la mission du service client est correctement remplie.

Il faut une vision et une mission claires pour être leader dans le service client

Prendre le leadership sur le service client ne peut pas se faire juste par comparaison avec d'autres entreprises. En effet, les entreprises n'ont pas toutes les mêmes objectifs et la même définition d'un bon service client : les normes et les axes d'amélioration ne seront donc pas les mêmes. Il faut un guide qui fixe un état d'esprit et une direction pour les décisions qui seront prises pour aider ou pas les clients dans leurs difficultés. Ce guide est la mission de l'entreprise.

La mission d'une entreprise est la définition de sa raison d'être, son objectif. Cette mission va permettre à l'entreprise de définir sa stratégie. La mission présente ce que fait l'entreprise, ce qu'elle offre comme service, et définit la façon dont elle le fait ou la façon dont elle se différencie. Elle est destinée à être partagée en interne avec tous les collaborateurs, mais il est aussi possible de présenter la mission à ses prospects pour leur permettre de savoir s'ils veulent travailler avec vous.

La mission peut être déclinée en vision, c'est-à-dire une description de ce que sera l'entreprise dans trois à cinq ans, ou en d'autres termes, la description d'un futur désiré par l'entreprise. Cette vision définit où va l'entreprise et donne une direction qui permet de mobiliser et motiver les salariés à vous suivre. Par exemple, la mission d'une entreprise de jouets peut être : « Rendre les enfants plus heureux », mais la vision de l'entreprise devra alors répondre à des questions aussi variées que :

Est-ce que l'entreprise doit recevoir une reconnaissance ou gagner des prix ? (par exemple gagner le prix du jouet le plus amusant)

- Est-ce que l'entreprise doit obtenir un certain taux de satisfaction auprès de ses clients ?
- Est-ce que l'entreprise doit développer un minimum de nouveaux jouets chaque année ?
- Est-ce que l'entreprise doit se développer sur de nouveaux marchés ?
- Est-ce que l'entreprise doit gagner un minimum de part de marché ?
- Est-ce que l'entreprise doit atteindre un certain volume de production ?

Pourquoi communiquer sur la mission et la vision est-il important ? Car cela permet de définir des objectifs communs et aligner le comportement de tous les salariés sur la même stratégie. La vision permet également de simplifie la prise de décision, elle aide à motiver et elle donne une direction claire qui aide chaque employé, y compris les employés du service client, à faire des choix. Imaginons une entreprise qui vend des jouets. Sa mission a été définie comme « Rendre les enfants heureux ». Cette mission donne un guide de comportement simple à de nombreux services de l'entreprise. Par exemple, les personnes en charge de développer de nouveaux jouets créeront des jouets amusants et solides ; tout le contraire de certains fabricants de jouets qui profitent de la période de Noël pour vendre des jouets soit que les enfants cassent en deux jours, soit dont les enfants se désintéressent après y avoir joué une heure ou deux. Le service client doit également avoir bien compris la mission, et savoir que l'objectif est de rendre les enfants heureux permettra à des personnes du service client de réagir correctement à une situation qui survient pour la première. En effet, la façon dont le service client doit résoudre le problème consiste à faire en sorte que les enfants soient heureux. Imaginez une entreprise qui fabrique et vend des jouets et dont la mission est « la rentabilité maximale pour l'actionnaire ». Le comportement du service client ne peut pas être le même.

Pour ce qui est de la vision, elle donne des guides plus opérationnels et souvent quantifiables. Par exemple, une vision d'entreprise à cinq ans pourrait être :

– Atteindre une note de 95 % de satisfaction de la part des clients pour les cinq prochaines années lors des sondages de satisfaction de la clientèle

– Être une marque spontanément citée dans le domaine des jouets auprès de plus de 20 % des enfants de six à dix ans.

Pour que vos mission et vision soient prises en compte, n'hésitez pas à les afficher de façon à ce que les employés puissent la lire : dans la cafétéria, les couloirs ou même comme chapeau de votre newsletter interne. Ainsi, une mission et une vision claires aideront les personnes du service client à savoir comment se comporter en fonction d'un objectif long terme.

CRÉER DU BOUCHE-À-OREILLE

Créer activement des ambassadeurs et du bouche-à-oreille pour cinq fois plus d'impact

Nous avons vu précédemment que la première étape pour créer des clients ambassadeurs qui défendent vos produits et en parlent, c'est d'améliorer le service client sur des thématiques importantes pour le client : réactivité, vitesse et facilité tout particulièrement. Évidemment, le service client ne fait pas tout, et vous devez avant tout vendre des produits et services que les clients veulent acheter.

Le bouche-à-oreille est basé sur les recommandations par de vos clients existants : ils parlent de vos offres et donnent envie à d'autre d'acheter vos produits. Potentiellement, le bouche-à-oreille peut faire connaître vos produits à tout votre marché en créant un phénomène de viralité, facilité par les réseaux sociaux, mais la viralité n'est pas vraiment contrôlable. Le bouche-à-oreille a trois avantages :

1) Premièrement : le bouche-à-oreille est un moyen de communiquer économique quand il fonctionne, et c'est un mode de communication très efficace, car il est plus facile de gagner un client quand c'est un autre client qui recommande vos produits ou services.

2) Deuxièmement : le bouche-à-oreille peut avoir un effet de propagation important. En effet, d'après la théorie du psychologue Stanley Milgram dite du « petit monde » (en anglais : the Small Word) vous êtes séparés de toute personne d'au maximum dix autres personnes dans le monde réel, et environ cinq à sept dans le monde virtuel via les réseaux sociaux. Une information peut donc atteindre quasi tout le monde et très rapidement, plus encore grâce aux réseaux sociaux sur internet.

3) Troisièmement, le bouche-à-oreille permet de toucher les personnes peu ou pas sensibles aux techniques de marketing habituelles.

Cependant, le bouche-à-oreille peut être aussi bien négatif que positif, et c'est pourquoi il est important de prendre en compte ce phénomène ne serait-ce que pour limiter les effets négatifs sur votre réputation, d'autant qu'il a une place prépondérante dans les décisions d'achat. Ainsi, une étude du Boston Consulting Group interroge l'effet du bouche-à-oreille pour les marques et porte sur plus de 200 000 personnes. L'étude montre que « **le bouche-à-oreille direct a quatre à cinq fois plus d'impact sur l'acte d'achat que les médias traditionnels et les réseaux sociaux** ». Soyons un peu plus précis. Avant un achat, un consommateur sera attentif à :

- famille et proches : 50 %
- un site web d'entreprise : 39 %
- un blog ou un forum : 35 %
- la télévision : 13 %
- la presse : 13 %
- les réseaux sociaux : 10 %
- la radio 3 %

Ces résultats sont intéressants, car d'une part, dans le tiercé de tête, on retrouve deux sources de recommandation par bouche-à-oreille : les proches et les blog ou forum, et d'autre part, les réseaux sociaux ont très peu d'impact. Ne regardez pas trop en détail les chiffres, car ils sont spécifiques à la période à laquelle a été faite l'étude, mais l'analyse globale n'évoluera que très lentement.

Une fois que vous pensez que vous avez un excellent service client, vous pourriez attendre patiemment que le bouche-à-oreille se fasse de lui-même, mais ça peut prendre beaucoup de temps et parfois il peut ne rien se passer. Ou bien, vous essayez de créer des ambassadeurs activement.

Les techniques pour créer activement des ambassadeurs

Dans l'idéal, vos clients parlent et recommandent vos produits à des personnes qui n'ont encore jamais acheté vos produits. C'est ce qu'on appelle le bouche-à-oreille. Il existe de nombreuses techniques pour développer ce bouche-à-oreille, mais toutes impliquent d'avoir un très bon service client. Une étude de PhoCusWrigh propose six générateurs de bouche à oreille efficaces :

1) Les programmes de recommandation. Vous créez un programme qui va récompenser les clients qui recommandent l'entreprise :

cadeaux, réduction, et cela peu importe que les clients qui recommandent soient des bons clients ou pas.

2) Favoriser les meilleurs clients et leur faire sentir qu'ils sont privilégiés. Vous ne récompensez pas tous vos clients, mais seulement vos meilleurs clients : offres exclusives, échantillons gratuits, possibilité de tester un nouveau produit ou service. Par contre, vous n'oubliez pas d'indiquer à votre client qu'il peut venir accompagné ou qu'il peut faire bénéficier de votre offre à un ami ou un collègue.

3) Encourager l'engagement des clients. Incitez les clients à exprimer leur avis sur le nouveau produit ou design pour l'améliorer, et de préférence, publiquement, c'est-à-dire sur les réseaux sociaux.

4) Influencer les faiseurs de tendances ou les leaders d'opinion. Certaines personnes très charismatiques ont un pouvoir de persuasion important. Ce sont des leaders dans l'âme susceptible de convaincre beaucoup de personnes dans leur domaine d'intérêt. C'est un phénomène qu'on peut voir sur YouTube, avec des chaînes spécialisées sur le maquillage, la mode ou tout autre sujet. Certains de ces leaders d'opinion monnayent leur popularité et il est possible de leur proposer de tester vos produits pour ensuite en parler.

5) Recueillir les commentaires et les opinions des clients par l'entremise de formulaires, réseaux sociaux, blogues, courriels et remédier aux situations problématiques ou encore faire du bruit avec ce qui est positif !

6) Proposer de bons produits ou de bons services, et toujours très différenciants. En effet, les clients recommandent un produit ou un service qui en vaut la peine, et surtout, qui valent la peine d'en parler. Il faut que le produit soit intéressant. Si vous inventez une nouvelle lessive, il est peu probable que les clients se passionnent pour le sujet ou aient envie d'en parler. Si par contre vous proposez la sauce piquante la plus puissante qui ait jamais été produite, les gens vont en parler, car il existe une niche des passionnés des sauces piquantes qui relèvent le défi idiot de tester toutes les sauces les plus fortes du monde. Allez sur YouTube et tapez « challenge sauce piquante ». On trouve des vidéos où des gens testent des sauces piquantes et ces vidéos ont plus de 600 000 vues. Les produits extrêmes et les produits vendus sur des marchés de passionnés génèrent plus facilement du bouche-à-oreille.

Dans tous les cas, sachez que vous n'arriverez pas à bénéficier d'un bouche-à-oreille positif dans la durée sans un service client efficace, car la satisfaction du client est au centre de la communication par bouche-à-oreille. Il existe aujourd'hui de la place pour faire de gros progrès sur le service client. Essayer de prendre le leadership du service client est un processus constant qui vous oblige à vous préoccuper sans cesse de ce que pensent les clients. Il nécessite parfois d'investir, et même parfois de bien payer ses salariés à cause de la symétrie des attentions. Mais, à long terme, prendre le leadership du service client peut s'avérer payant, car vous aurez des clients fidèles et vous générerez petit à petit de nouvelles ventes par un bouche-à-oreille que vous pouvez amplifier si vous entrez dans un processus actif pour générer des recommandations de la part de vos clients.

Que vous le vouliez ou non, il existe déjà des réseaux sociaux spécialisés sur lesquels les employés et les clients laissent des avis sur les entreprises. Si vous ne vous occupez pas de votre image, les réseaux sociaux vont s'en charger. Et le facteur le plus important, pour votre image, c'est votre service client.

2

ÉTABLIR DES STANDARDS DE QUALITÉ AU SERVICE CLIENT

DÉFINIR DES STANDARDS DE QUALITÉ

Définir des références qualité

Le service client doit résoudre des problèmes pour ses clients. Mais il y a plusieurs façons de le résoudre. On peut décider de ne considérer que le problème technique à résoudre et ignorer l'expérience du client et ses besoins émotionnels. On peut construire son service client autour de solutions techniques de façon à faciliter le fonctionnement interne, surtout s'il a été décidé que le service client devra fonctionner comme un centre de profit. Tout dépend des objectifs de l'entreprise.

Malgré l'importance du service client, une étude a montré que la qualité du service après-vente était globalement jugée médiocre par les clients alors que les entreprises ne semblent pas s'en inquiéter. Selon cette étude, les contacts humains sont peu satisfaisants. Les échanges écrits par mail enregistrent les plus mauvais scores avec une note de 4/20, celle du courrier postal à 0,1/20 et seulement 30 % des courriels et 1 % des lettres envoyées ont trouvé une réponse. Le service client est un peu mieux : les standards obtiennent 9/20 et, dans plus de 50 % des cas, l'appelant n'a pas obtenu l'information qu'il cherchait.

La qualité d'un service client ne peut se définir que par rapport à une référence. Et c'est pour cela qu'il faut établir des standards. Ces standards peuvent être quantitatifs ou qualitatifs, ils peuvent concerner des exigences, des durées, des résultats à obtenir, une conformité dans les comportements autorisés ou tout autre élément décidé par la direction du service client. Ils devront par ailleurs prendre en compte et mesurer précisément la satisfaction des clients, la facilité que les clients perçoivent à utiliser les produits ou les services ou encore mesurer la pénibilité.

Tous ces éléments mesurables de la qualité du service client doivent être définis en termes de perception par le client dès lors que l'objectif du service client est d'améliorer la satisfaction du client.

Connaître les attentes des clients

Connaître les attentes des clients est une obligation pour proposer un service client efficace. La difficulté est que ces attentes sont changeantes, et elles évoluent généralement vers des attentes plus importantes. Ce qui a été vrai une année ne l'est plus l'année suivante. Ce qui a plu une année devient peu valorisé l'année suivante. Pourquoi le client a-t-il des attentes qui évoluent ? Les deux raisons principales sont l'innovation et la standardisation.

La standardisation des services client va diminuer la satisfaction. Quand toutes les entreprises concurrentes copient ce qui a été innovant chez les entreprises qui proposent les meilleurs services client, ce qui a été innovant devient standard. En effet, les clients apprécient d'avoir les meilleurs services, mais si toutes les entreprises proposent le même service, ce niveau de service qui était apprécié devient alors banal, car il est devenu standard. Ainsi, les expériences vécues par les clients auprès de n'importe quelle autre entreprise (pas forcément dans votre domaine d'activité d'ailleurs), vont construire leur perception de ce qu'est un bon service client.

Comment identifier les attentes des clients ?

La première façon est de les interroger : au téléphone, en face à face, par mail avec des questionnaires à réponse ouverte ou fermée. Toutefois, vous n'apprendrez que ce que les clients veulent bien vous dire et les clients ayant rarement la patience de répondre honnêtement et en détail, vous pouvez rater des informations importantes. C'est pour cela qu'il faut bien réfléchir aux questions (tournures, formulations) que vous allez poser.

La deuxième approche est de rentrer dans la peau du client et jouer la scène du client en train d'utiliser vos produits ou services dans l'ordre chronologique. C'est ce que j'appelle faire une analyse virtuelle de la réalité.

- Si, en tant que client, vous trouvez insupportable de devoir payer un appel téléphonique pour vous plaindre, supprimez cela dans votre entreprise.
- Si en tant que client, quand vous voyagez, vous n'utilisez pas de guides touristiques, car vous les trouvez trop lourds, proposant trop de choix et vous les trouvez difficiles à lire, car imprimés en trop petits, modifiez la ligne éditoriale de

votre maison d'Édition et créez un guide touristique qui rende vraiment service aux gens.

- Si en tant que client agriculteur, vous trouvez que les aliments pour volaille en sac de 50 kg sont difficiles à transporter et vous font mal au dos, changez le packaging et faites de sac de 10 kg au lieu de 50 kg.

Savoir ce qui est important pour les clients vous permettra d'établir des références de qualité et c'est pourquoi il y a un travail d'analyse préalable à faire.

Combien de standards mettre en place ?

Quel est le bon nombre de critères à mettre en place pour l'analyse du service client d'une entreprise ?

Si l'on essaie de tout quantifier, cela peut parfois aboutir à plusieurs centaines de critères à mesurer. Par exemple, dans un hôtel, il peut y avoir des centaines de règles parfois très spécifiques, qui vont de la façon dont doit se dérouler la première minute d'interaction avec les clients, à la durée de réponse maximale pour répondre au téléphone, en passant par l'emplacement et la façon dont doit être posé un coussin sur le lit de la chambre.

Évidemment, toutes ces règles ne s'appliquent pas à chaque employé, tout dépend de son métier, mais il est peu probable qu'un employé qui doit suivre 30 règles précises dans le cadre de sa fonction au service client se souvient de toutes ces règles. Enfin, quand un employé est consciencieux et veut suivre toutes les règles, un trop grand nombre de critères risque d'aboutir à un comportement tellement stéréotypé que les clients auront l'impression d'être en face d'un robot. Et ce n'est pas ce que vous voulez : vous voulez créer une relation avec vos clients. Autre conséquence négative possible : le nombre des règles est tel qu'elles sont juste ignorées par vos employés, incapables de s'en rappeler ou d'en comprendre l'objectif. Le résultat sera un service client dans lequel les employés ont toutes les chances de se démotiver.

Si vous décidez de définir un minimum de règles, il est possible que certaines situations que les employés n'ont encore jamais rencontrées posent problème. Toutefois, avec moins de règles, les employés sont généralement plus motivés et plus autonomes, car ils ont la possibilité de prendre des décisions. Certes, mais comment faire pour créer de l'autonomie et de la motivation ? Commencez par créer instantanément de l'autonomie, la motivation viendra plus tard. Un chef d'entreprise racontait l'histoire suivante : il était submergé de mail de son service client lui posant des questions dans le style :

– Tel client n'est pas content de la couleur de son produit : est-ce que si l'on change de produit on lui fait payer des frais de livraison ou non ?

La perte de temps était telle pour le chef d'entreprise qu'il prend une décision radicale, qui le stresse d'ailleurs beaucoup. Il crée un répondeur automatique qui dit qu'il n'y a plus qu'un seul critère : rendre le client heureux. Si cela coûte moins de 50 €, les employés sont tenus d'utiliser leur propre jugement pour résoudre le problème sans passer par le chef. Au début, le stress du chef d'entreprise était tel qu'il a commencé à vérifier les chiffres financiers des décisions prises toutes les semaines, puis, le premier mois ayant coûté moins de 200 €, il n'a plus vérifié que tous les mois, puis, finalement, il n'a plus vérifié du tout. Avoir qu'un seul critère peut être caricatural et fonctionne peut-être aussi, car cette entreprise n'avait qu'un seul et unique produit à vendre, mais cela illustre bien l'avantage d'employés motivés.

Plus vos employés sont qualifiés et motivés, plus vous avez intérêt à réduire le nombre des règles et laisser de la liberté de décision, moins vos employés sont qualifiés et plus ils fonctionnent sur l'obéissance, plus il faudra de règles.

Standardiser l'interaction avec les clients

Comment voulez-vous que vos employés se comportent avec vos clients ? En d'autres termes, si vous étiez client de votre entreprise, comment voudriez-vous qu'on se comporte avec vous ?

Certains éléments du comportement dépendent d'une action de l'employé, d'autres sont indépendants de la volonté de vos employés : pour ce qui est des éléments indépendants de la volonté des employés, il est difficile d'établir des standards, car les employés n'ayant aucune influence sur ces éléments, il n'y a pas de variabilité possible, et il est donc difficile de trouver des axes d'amélioration une fois la décision prise. Cela concerne par exemple, le choix d'un code vestimentaire, de la décoration, de la nécessité ou non de mettre à disposition une fontaine à eau, du traçage au sol des lignes de couleur différentes qui permettront aux clients de facilement se retrouver dans les locaux de votre entreprise, de la possibilité de se connecter à une borne WiFi ou non...

Toutes les décisions sur des éléments indépendants de l'action des employés au service client doivent être mûrement réfléchies, car elles auront un impact sur les conditions de travail et la charge de travail de vos employés. En revanche, ces éléments sont difficilement modifiables et leur impact difficilement mesurable, justement parce que peu sujet à des variations.

À l'inverse, les éléments qui peuvent être impactés par le comportement de vos salariés doivent être mesurés par rapport à un standard et cela permettra de se fixer des axes de progression.

Ainsi, le ton de la voix, le vocabulaire utilisé et la courtoisie sont des exemples d'éléments sur lesquels les employés ont une influence. Ces exemples correspondent à des critères éphémères et ils doivent être mesurés dans l'instant. Comment repérer ce genre de critères ? Facile : ce sont ceux pour lesquels certains employés peuvent ne pas respecter les règles quand ils sont seuls parce que personne ne pourra jamais prouver leur comportement. Cela les rend donc bien sûr très difficiles à mesurer : mais vous pouvez tenter d'interroger les clients, envoyer des clients mystères ou encore envoyer un questionnaire aux clients.

En conclusion, l'interaction avec les clients est probablement la chose la plus importante pour les fidéliser et en attirer de nouveaux : il va falloir que vous définissiez des critères à évaluer qu'ils soient statiques et facilement mesurables ou bien éphémères.

Aligner ses standards aux attentes des clients

L'objectif du service client, comme son nom l'indique, est d'être au service du client. Par conséquent, les standards que vous allez établir n'ont de sens que s'ils correspondent aux attentes des clients. Nous allons lister les attentes les plus courantes sur lesquels vous allez pouvoir choisir d'établir vos standards.

Attente 1 : tenez vos engagements et soyez transparent. Cela paraît du bon sens, mais les clients veulent que vous fassiez ce que vous avez promis au téléphone. Cela devient problématique quand un opérateur téléphonique vous appelle pour vous offrir un nouveau téléphone, mais oublie de vous dire que vous êtes engagés sur deux ans.

Attente 2 : des employés bien formés et bien informés. Vous l'avez peut-être vécu vous-même : vous discutez avec le conseiller d'une entreprise, et vous vous rendez compte que vous vous y connaissez plus que lui ! Si les conseillers ne conseillent rien et ne savent rien sur rien, à quoi servent-ils ? Formez vos employés pour qu'ils soient au minimum plus compétent que vos clients.

Attente 3 : connaître et reconnaître le client. Il est important pour un service client de qualité de disposer d'une base de données à jour sur le client et ses interactions avec l'entreprise : son identité, son historique d'achat et son historique d'interaction. Ce savoir est nécessaire pour construire une relation personnalisée et adaptée à chaque client. Cela permettra, par exemple, de leur proposer des produits qu'ils aiment bien parce qu'ils ont déjà acheté dans cette catégorie. Une pratique qu'on peut mettre en place pour répondre à cette attente est l'obligation d'appeler un client par son nom ou par son prénom (selon les coutumes du pays francophone dans lequel vous travaillez).

Attente 4 : traitez le client avec courtoisie. Vos clients sont ceux qui vous rapportent de l'argent. Assurez-vous donc toujours que vos employés du service client soient courtois. Par exemple :

- Quand un client interagit avec vous, sachez qui il est, comment il s'appelle et éventuellement ce qu'il a déjà acheté.
- Ne faites pas perdre de temps au client pour en gagner vous-même.
- Ne partagez pas vos malheurs de la vie quotidienne en vous plaignant aux clients.
- Parfois, vous pouvez prendre des décisions qui vont au-delà de ce qu'attend un client.

Attente 5 : reconnaissez vos erreurs. Il arrive qu'un imprévu (retard de livraison, produit détérioré, etc.) mécontente un client. Il faut que l'entreprise reconnaisse ses erreurs et endosse la responsabilité de tous ses fournisseurs. En reportant la responsabilité sur d'autres, ou en niant les faits, une relation perdante aura lieu et le client partira à la concurrence. À l'inverse, si l'on reconnaît son erreur et qu'on la courrige en ajoutant un petit geste commercial, le client sera moins susceptible de partir à la concurrence, car la relation entre client et service client aura été satisfaisante.

Attente 6 : La propreté. Les clients veulent aller dans des lieux propres. Typiquement, il est assez répugnant de devoir se rendre dans des WC mal nettoyés qui sentent mauvais. Pourtant, ça arrive souvent, parce que beaucoup d'entreprises estiment que la propreté d'un lieu n'est pas directement corrélée avec la qualité des produits ou services qu'on vend. C'est totalement méconnaître la notion de perméabilité dans la valeur. La perméabilité de la valeur dit que si un client ressent une émotion négative dans le cadre de son expérience client sur un élément qui n'est pas le produit ou service qu'il achète, la valeur du produit ou du service sera fortement dégradée. Il est facile d'établir des standards concernant la propreté ; évitez des standards liés à la tâche effectuée, mais définissez plutôt un résultat. Peu importe combien de fois, on doit nettoyer les toilettes, l'important est qu'elles soient propres. Enfin, les attentes clients qui ont le plus d'impact sur la fidélité et l'augmentation du chiffre d'affaires nécessitent d'être abordées plus en détail et elles sont présentées dans les vidéos qui suivent. Elles concernent les attentes concernant le temps, les délais et la facilité.

Définir des standards spécifiques au temps et aux délais

Si vous voulez améliorer votre service client, la réactivité est probablement un bon point de départ parce que c'est une des deux attentes des clients qui a le plus d'impact sur la fidélité.

Attente 1 : joindre facilement le service client. L'accessibilité du service client est un point sur lequel beaucoup d'entreprises peuvent faire des progrès, notamment sur le temps d'attente. Cela pose la question de la prévisibilité de la charge de travail : êtes-vous capables d'anticiper le nombre des interactions avec les clients ? Malheureusement, répondre à beaucoup de demandes coûte cher : avoir cinq conseillers clientèle à la place de deux au rayon électricité d'une grande surface de bricolage ne représente pas le même coût.

Mais face à 45minutes d'attente, certains clients ne finiront-ils pas par quitter votre magasin ? Face à quinze minutes d'attente au téléphone, les clients ne risquent-ils pas de se tourner vers un concurrent plus facile à joindre ? À vous d'estimer la balance bénéfice/risque si vous choisissez de travailler en sous-effectif. Une façon simple de répondre à cette attente des clients est de déterminer un délai maximal pour répondre à un client.

Attente 2 : résoudre **les problèmes le plus rapidement possible.** Non seulement il faut résoudre les problèmes de vos clients, mais vos clients veulent que ce soit fait le plus rapidement possible. Donc tout ce qui peut accélérer la résolution d'un problème est bénéfique. Ce gain de temps doit se focaliser sur deux axes :

Premier axe : la durée d'interaction. Il vous faudra diminuer le plus possible la durée que le client perd dans l'interaction avec le service client pour expliquer son problème. Par exemple, au téléphone, c'est la durée entre le moment où le client a composé le numéro de l'entreprise, et le moment où il a raccroché. Dans un lieu physique, c'est la durée entre le moment où il a décidé d'engager une interaction avec un employé et le moment où l'interaction se termine.

Deuxième axe : diminuer le temps de résolution du problème. Il s'agit de diminuer le temps nécessaire à la résolution et/ou de répondre le plus rapidement possible dans le cas d'un problème qui en cache plusieurs. Dans ce dernier cas, il est important de communiquer sur la complexité du problème. Imaginez : vous venez d'acheter un appareil photo dans un magasin physique. Malheureusement, en arrivant chez vous, vous vous rendez compte qu'il est défectueux. Vous êtes reçu en moins de deux minutes et l'on vous propose de changer l'appareil photo gratuitement — dans trois à cinq semaines, car l'appareil photo doit d'abord être expertisé avant qu'on vous en donne un neuf. Il est insupportable de devoir attendre trois semaines pour avoir un appareil photo qui marche et que vous venez d'acheter le jour même. Même trois jours seraient de trop ! Petit à petit, les clients qui subissent ces délais longs en parlent autour d'eux, et font fuir les clients potentiels.

Attente 3 : régler le problème dès la première fois. Comme on vient de voir, dans le cas où le client doit vous contacter plusieurs fois pour résoudre son problème, le temps durant lequel le client attend entre sa demande et la réponse va avoir une influence sur la perception de la qualité. Essayez toujours de résoudre les problèmes des clients. Vous pouvez mesurer l'efficacité de votre service client sur les aspects vitesse et réactivité de plusieurs façons. Voici les critères que vous pouvez choisir pour établir des standards :

1) Le délai de réponse initiale. Cette durée indique la rapidité avec laquelle un client reçoit une réponse à sa demande. Cela ne signifie pas que son problème soit résolu, mais cela indique combien de temps le client doit attendre avant de pouvoir raconter son histoire.

2) Le temps de réponse moyen. Il s'agit de la moyenne du temps écoulé entre chaque réponse. C'est le temps que va attendre le client pour recevoir une réponse par mail, SMS ou téléphone à la suite d'un contact avec le service client.

3) Le temps de résolution des problèmes. Il s'agit de la durée moyenne pour résoudre un problème (durée entre le premier contact et la résolution).

4) La durée moyenne de traitement. Il s'agit de la moyenne du temps durant lequel un employé du service client interagit avec le client. Faire court peut être bon signe quand les mesures précédentes sont rapides, mais il faut parfois rallonger la durée d'interaction avec les clients pour permettre de résoudre les problèmes au premier contact. Soyez vigilant sur l'établissement de standards quand ils portent sur la durée d'interaction moyenne maximale à respecter, car cela peut avoir une influence négative sur d'autres facteurs importants.

Si les différentes thématiques abordées sont toutes importantes pour les clients, la facilité et la rapidité du traitement de leurs demandes sont à placer en numéro un.

Établir des standards spécifiques à la facilité

Nous sommes tous devenus de grands fainéants, et tout nous pousse à cela : la télécommande de la télévision pour ne pas avoir à se lever, le répertoire dans le Smartphone qui ne nous oblige pas à taper les numéros de téléphone manuellement, le drive qui nous permet de ne plus avoir à faire nos courses ou encore les sites internet qui envoient directement à la maison tout ce dont on a besoin. En fait, on n'est pas vraiment fainéants, mais on essaie tous d'économiser ce qu'on a de plus précieux, plus encore que l'argent : le temps. Et c'est pourquoi le service client idéal doit tout rendre facile pour le client. La facilité est l'une des attentes client les plus importants et les plus impactantes sur la fidélité des clients et l'augmentation du chiffre d'affaires.

Quand un client envoi une demande à un service client, très souvent, le mail de réponse est envoyé d'une adresse intitulée : NORELPY@nom-de-l-entreprise.com

Cela veut dire que le client va devoir se creuser la tête pour trouver une solution. Parfois il trouvera la solution quelque part en fin de mail, parfois, comme cela m'est arrivé, il devra retourner sur le site, retrouver la bonne page pour finalement pouvoir répondre.

Votre but ne doit pas être de vous simplifier la vie sans vous préoccuper des conséquences sur le client ! Votre but doit être de simplifier la vie des clients tout en trouvant des solutions pour gérer cette simplification. Par exemple, permettre au client de répondre à votre mail plutôt que d'utiliser une adresse NOREPLY, et utilisez un logiciel pour renvoyer ce mail vers le bon destinataire en fonction des mots clé ou du numéro de suivi client, ou du ticket, qui se trouve dans le mail du client. Et si vous n'y arrivez pas, tant pis, subissez, et continuez à simplifier la vie à vos clients.

Aujourd'hui, le besoin de facilité qu'ont les clients est devenu un élément majeur dans la réussite des entreprises. On le voit à travers la réussite de start-ups qui développent des services qui existaient déjà par ailleurs, et dont le seul avantage est de rendre le service plus simple. Il est plus facile de se faire livrer un repas à domicile par un livreur à vélo que se déplacer dans un restaurant pour aller chercher ce même repas. Il est plus facile de faire quelques clics dans une application mobile dans laquelle on est géolocalisé pour appeler un taxi (pardon, un VTC) plutôt que de devoir appeler une centrale de taxi, attendre qu'on vous réponde (ou pas, parfois), qu'on vous demande votre adresse, qu'on vous demande à quelle heure, et qu'enfin vous n'ayez plus qu'à attendre. Et pourtant, il y a probablement seulement 30 secondes de différence entre les deux approches, et un effort supplémentaire à faire pour parler à quelqu'un au téléphone.

Je ne peux pas vous donner un conseil concret en particulier, car faciliter la vie des clients veut dire des choses très différentes en fonction des secteurs d'activité et des contextes, mais gardez en tête que ce qui peut vous différencier des concurrents est ce qui va faciliter la vie à vos clients.

METTRE EN PLACE DES STANDARDS DE QUALITÉ

Vaincre la résistance aux standards

Quand des standards sont mis en place au service client, il y a souvent des résistances de la part de l'équipe et c'est pour cela que vous avez intérêt à impliquer l'équipe du service client ou du moins des représentants de l'équipe. A priori, mettre en place des standards est une bonne chose puisque cela permettra de progresser, mais pourquoi y a-t-il des résistances ?

D'abord, les employés peuvent se sentir espionnés ou contrôlés alors qu'ils n'avaient pas ce sentiment auparavant, et il faut avouer que ce n'est pas tout à fait faux : établir des standards vous permettra effectivement d'identifier ceux qui travaillent bien et ceux qui ne suivent pas les règles.

Ensuite, les standards sont souvent perçus comme des actions ou des phrases à exécuter aveuglément comme si l'on était un robot. Il est vrai que certaines entreprises le voient comme cela, mais avoir des standards n'empêche pas une certaine liberté dans les interactions avec les clients, et créer une relation client en discutant d'un sujet qui n'a rien à voir avec les produits de l'entreprise (par exemple, vous tombez sur un fan de roller et vous en faites aussi). Or, improviser en dehors du focus de l'entreprise peut devenir un standard. Par exemple, il pourrait être défini comme ceci :

« Vous êtes encouragés à aborder des thématiques propres à votre client quand il les évoque. Par exemple, si un client parle de sa passion pour le roller et que vous-même connaissez quelque chose au sujet, n'hésitez pas à en discuter ».

Enfin, une résistance vient de la direction des entreprises elles-mêmes qui estiment que la mise en place de standards va augmenter les coûts du service client. Il est probable que cela coûte effectivement de l'argent et du temps, mais que perd-on si l'on n'établit aucun standard au service client ? C'est là que les coûts vont augmenter. Ils seront dus :

- À des contacts répétés avec les clients,
- À des employés dédiés à des activités inutiles et qui n'ont pas d'impact sur le client
- À la perte de temps due à la remontée des problèmes vers les cadres supérieurs qui devront les résoudre à la place des personnes en charge
- Aux effets négatifs sur l'image de marque et la perte de clients possible
- Aux erreurs commises par certains employés du service client.
- Enfin, à la rotation de certains employés démotivés qui ne comprennent pas ce qu'on attend d'eux.

Une entreprise a tout intérêt à établir des standards de qualité pour son service client, et elle a intérêt à les créer en incluant le personnel pour diminuer la résistance au changement.

Standards quantifiables et non quantifiables

Quand il faudra choisir des critères pour évaluer le service client, on pourra distinguer entre ceux qui définiront des standards quantifiables et ceux qui définiront des standards non quantifiables.

Les standards quantifiables sont ceux qui permettent de mesurer si quelque chose a été fait ou non. Ce sont des standards objectifs et l'action qui est mesurée doit être accomplie, quel que soit l'employé. Par exemple, un employé du service client reçoit un appel téléphonique d'un client qui n'a pas reçu sa commande. Il commence à demander le numéro de client, puis il lui est imposé de vérifier la validité de l'identité de ce client en lui demandant son adresse. Tous les employés du service client suivent la même démarche. Ils posent tous les mêmes questions pour valider l'identité du client.

Les standards non quantifiables mesurent non pas si quelque chose a été fait ou pas, mais ils mesurent plutôt comment quelque chose a été fait. Ces standards sont plus subjectifs et peuvent se mesurer sur une échelle de valeurs, qui pourrait varier de 1 à 10 points. Par exemple, un employé discute avec un client et son manager l'observe. Le manager va évaluer si l'employé est agréable avec le client. C'est quelque chose qui n'est pas quantifiable, mais il est possible de le noter sur une échelle de 1 à 10 (1 veut dire très désagréable et 10 veut dire très agréable).

Quand vous mettez en place des standards pour votre service client, vous aurez à mélanger des standards quantifiables et des standards non quantifiables. La répartition entre ces deux catégories de dépendra le secteur d'activité de vos objectifs.

Dans quels cas utiliser les standards quantifiables ou les standards non quantifiables ?

Utilisez des standards quantifiables pour tout ce qui touche à la conformité, les obligations légales, la vérification de l'identité du client ou à tout autre élément pour lequel il n'y a qu'une seule bonne façon de faire. Par exemple, la proportion des adresses mail mal notées lors de conversations téléphoniques est telle que cela peut vous pousser à créer un standard quantifiable indiquant qu'il est obligatoire d'épeler l'adresse mail des interlocuteurs. Ainsi, quand un numéro de dossier est donné au téléphone, certains services client épellent le code de dossier en associant chaque lettre du code avec un prénom. Ainsi, si le code dossier est CLVS, le service client dit : C comme Clément, L comme Laurent, V comme Valérie et S comme Sophie. Cela évite les erreurs et cela évite donc au client de rappeler quand il réalise qu'il a mal noté l'information.

Si l'usage des standards quantifiables est assez restreint, c'est sur l'établissement de standards non quantifiables que vous pourrez vous différencier de la concurrence. Les standards non quantifiables étant sujets à interprétation, il sera probablement nécessaire d'accompagner le processus de mise en place de ces standards par une formation, afin que tous les employés comprennent ces standards de la même manière. Les standards non quantifiables sont à utiliser à chaque fois que deux personnes peuvent avoir une perception différente du même événement. Par exemple, la question « avez-vous trouvé votre interlocuteur sympathique » est clairement non quantifiable, mais c'est aussi sur la sympathie que vous pourriez être le plus apprécié, ou le plus détesté.

En conclusion, vous avez à mettre en place des standards quantifiables et des standards non quantifiables. Leur nombre et leur proportion ne suivent pas de règle particulière, mais dépendent de votre entreprise, de vos objectifs et du profil des employés que vous recrutez.

Établir des standards efficaces sur le terrain

Aussi pertinentes qu'elles soient, les règles, procédures et standards que vous allez définir pour atteindre un certain niveau de qualité ne sont efficaces que si elles peuvent être utilisées et appliquées sur le terrain. Pour cela, ils doivent répondre à quatre critères :

Premier critère, les standards doivent découler directement de la mission de l'entreprise, de sa vision et ses valeurs sinon, leur objectif sera incompréhensible par les employés. Et si les employés ne comprennent pas l'objectif et la logique des règles mises en place, ils auront du mal à les retenir et à les appliquer. Par exemple, si dans d'une entreprise qui fabrique des jouets en bois, une règle consiste à offrir un petit jouet en plus à chaque fois qu'un employé comprend qu'un enfant aurait pu être frustré par un achat précédent, c'est beaucoup plus facile à retenir et à appliquer pour un employé qui travaille dans une entreprise dont la mission est de « rendre les enfants heureux », plutôt que dans une entreprise dont la mission est : « la rentabilité maximale pour l'actionnaire ».

Deuxième critère, les standards ne doivent pas entraîner des incohérences et des conflits d'intérêts. Qu'est-ce que je veux dire par là ? Il est possible, dans certains cas, que l'objectif personnel d'un employé puisse aller à l'encontre de l'objectif général, ou inversement. Par exemple, la direction décide que le temps moyen d'une interaction avec le client ne doit pas dépasser trois minutes par ce que les clients n'aiment pas perdre de temps. Un effet pervers serait que les employés raccourcissent les interactions avec les clients juste pour passer sous le seuil des trois minutes quitte à dégrader la qualité du service. En effet, du point de vue de l'employé, il s'agit de se conformer aux règles pour que rien ne lui soit reproché, quand bien même la nouvelle façon de procéder serait néfaste pour la perception de la qualité du service client.

Troisième critère : les standards doivent correspondre à des paramètres maîtrisables par les employés. Il faut que chaque standard soit basé sur des éléments que les employés peuvent contrôler. Par exemple, si les clients se plaignent de devoir attendre trop longtemps, vous ne pouvez pas évaluer les employés du service client sur ce temps d'attente, car ils n'ont aucun moyen de contrôle sur cela. En effet, le problème vient d'une mauvaise planification et d'une mauvaise anticipation de la charge de travail qui a abouti un sous-effectif : dans tous les cas, les employés sur le terrain n'y peuvent rien. À l'inverse, être courtois, agréables et souriants, repose sur des éléments qui sont maîtrisables individuellement par chacun des employés du service client.

Quatrième critère : les standards doivent être clairs et faciles à mémoriser. Pour être efficace sur le terrain, il faut que les employés n'aient aucun effort à faire pour se rappeler des règles et les appliquer. Il faut donc éviter d'en créer de trop complexes. Par exemple, à l'accueil d'un magasin, demandez de réagir de la façon suivante :

Dire bonjour à toute personne qui rentre dans un rayon de cinq mètres autour de vous. Si une personne s'approche à moins de deux mètres, demandez : « — Est-ce que je peux faire quelque chose pour vous ? »
Sauf si vous n'avez pas vu la personne entrer dans votre cercle des dix mètres, auquel cas, vous devez dire : – Bonjour, est-ce que je peux faire quelque chose pour vous. Sauf, si la personne ne vous regarde pas, auquel cas vous devez attendre qu'elle regarde dans votre direction.

J'espère que vous sentez que c'est trop compliqué, à comprendre comme à retenir. Une façon simple de remplacer ces règles confuses est de les formuler différemment. Voici une possibilité :
« Quand quelqu'un s'approche à moins de cinq mètres de vous, saluez la personne et demandez si elle a besoin d'aide dès que la situation s'y prête. Restez toujours courtois et souriant, pour tous les autres détails, nous vous faisons confiance. »

Certes, ce n'est pas très quantifiable, mais ce n'en est pas moins un standard acceptable.

Enfin, sachez que les standards sont établis à un moment donné de l'histoire d'entreprise. Pour qu'ils restent efficaces sur le terrain, il est nécessaire de les réévaluer et les faire évoluer sans cesse pour qu'ils s'adaptent à la réalité. Il s'agit en fait d'un processus d'amélioration continue. Les standards sont mis en place, les employés les appliquent, des informations sont recueillies, les informations sont analysées et, au vu de ces informations, on décide si ces règles conviennent toujours ou s'il faut les faire évoluer.

Assurez-vous toujours que les standards soient alignés avec la mission de l'entreprise, et qu'ils pourront facilement être appliqués sur le terrain, sur des éléments que les employés peuvent influencer. Vérifiez que règles soient faciles à comprendre et facile à retenir sans effort particulier sans pour autant créer de conflit entre l'intérêt individuel des employés et l'intérêt de l'entreprise.

Calibrer les standards

Pour faire progresser son service client, il faut que cette progression, basée sur l'analyse de critères pour lesquels on définit des standards, se fasse par rapport à un référentiel. Mais il faut aussi que l'évaluation soit stable, c'est-à-dire que quatre personnes qui feraient la même évaluation donnent une note équivalente. Il va donc falloir étalonner les standards. L'étalonnage a pour objectif de vérifier que plusieurs personnes qui évaluent un même critère dans les mêmes conditions lui attribuent une note équivalente. C'est un peu comme la correction du baccalauréat. Si pour la même copie de philosophie, quatre correcteurs différents donnent des notes aussi différentes que 5, 10, 15 et 20 sur 20, le baccalauréat ne veut plus rien dire, car tout dépendrait des correcteurs. De la même façon, il serait très gênant que quatre managers différents jugent très différemment la même interaction entre le service client et un client. Le calibrage des standards permet d'avoir une meilleure qualité de l'analyse, mais également aux employés de se sentir plus en sécurité à leur travail, car ils sont évalués de la que façon quel que soit le manager, et non pas différemment en fonction du manager.

Pour étalonner les standards, il faut d'abord accumuler du matériel à évaluer. Le plus simple est d'enregistrer des interactions entre le service client et le client en vidéo, cela permettra d'ailleurs de pouvoir choisir les interactions les plus intéressantes. Au téléphone, ce sera l'enregistrement audio des conversations. S'il n'est pas possible de faire des enregistrements, il faut envisager de créer une formation pour faire des jeux de rôle. Cela l'avantage de pouvoir décider très exactement des types de situations que l'on veut évaluer, alors que se rendre sur le terrain pour observer risque d'être long et ennuyeux, car peut-être n'y aura-t-il que peu de commentaires à faire, car tout se passe bien. Dans tous les cas cités précédemment, faites évaluer la situation sur les standards qui ont été choisis par plusieurs personnes, puis comparez ensuite les résultats. Si à ce stade, les scores varient fortement et il y a désaccord entre les évaluateurs, il va falloir retravailler les standards jusqu'à ce qu'on définisse des standards qui donnent des résultats similaires, quel que soit l'évaluateur.

Enfin, après une certaine période de fonctionnement, il va falloir comparer les évaluations internes avec les évaluations fournies par les clients. Si vous êtes très satisfaits du fonctionnement du service client, mais que les clients sont fous de rage et se plaignent sans cesse. L'inverse est aussi vrai : si les clients sont très satisfaits du service client, mais qu'en interne vous êtes très insatisfait et que les managers, peut-être les standards mis en place ne correspondent pas à bien aux attentes des clients. En effet, n'oubliez jamais que l'établissement de standards n'a qu'un seul objectif : améliorer le service client pour rendre les clients heureux.

En conclusion, pensez à étalonner les standards que vous mettez en place, et n'hésitez pas à faire un nouvel étalonnage à chaque fois que vous changez votre équipe d'évaluation, ou que vous changez les standards.

Donner les moyens pour atteindre les standards

Mettre en place un service client qui permet de fidéliser et développer son chiffre d'affaires nécessite des investissements et des dépenses. Considérez cela comme un investissement sur l'avenir.

Plusieurs éléments sont à prendre en compte :

Il faut anticiper la charge de travail et prévoir le personnel suffisant, sans quoi, les employés en permanence débordés ne pourront pas être efficaces. Ainsi, si vous travaillez dans un restaurant, il vous faudra prévoir le bon nombre de serveurs : rien de pire, à l'heure du repas, quand le service s'éternise alors qu'on doit retourner au bureau. Vos clients iront voir ailleurs s'ils peuvent manger plus vite. Comment prévoir ? Difficile à faire, mais dans le cas d'un restaurant, on peut se faire une bonne idée de la charge de travail juste en comptant le nombre de clients qui arrivent à chaque service et en faisant des statistiques.

Il faudra aussi mettre en place les moyens technologiques ou non qui permettront aux employés de travailler correctement :

- un CRM facile à utiliser qui centralise toutes les informations d'un client quel que soit l'employé qui lui répondra,
- un lieu de travail agréable,
- un ordinateur suffisamment rapide pour ne pas devoir attendre de longues secondes avant d'avoir le résultat d'une recherche pour le client
- ou encore des tablettes pour administrer les questionnaires dans les magasins et centraliser les réponses plutôt que de proposer des formulaires papier.

Si vous ne donnez pas les moyens à vos employés de travailler correctement, comment pensez-vous qu'ils pourront rester motivés ? La qualité du service client ne peut alors que décroître.

Mettre en place les moyens qui permettront d'atteindre les objectifs est en réalité juste une question de bon sens paysan, mais certaines entreprises, soumises à pression par les actionnaires, ne se préoccupent que des chiffres comptables et oublient de s'intéresser à la réalité.

ÉVALUER LE SERVICE CLIENT

Recueillir les informations sur la qualité de service client

Pour améliorer son service client, il va falloir récupérer de l'information. Deux sources d'informations sont à utiliser l'une est l'information qui vient du client, l'autre est une information générée par l'entreprise.

Comment récupérer de l'information directement chez le client ?

La première possibilité est l'observation directe. Cela semble évident, mais ce n'est pas systématique dans toutes les entreprises. En effet, cela suppose qu'un observateur évalue des interactions entre client et service client sans rien faire d'autre : il n'intervient pas et ne réagit pas. Certains ont l'impression de perdre du temps à ne « RIEN FAIRE » parce qu'il se passe de longues périodes de temps durant lesquelles il ne se passe pas grand-chose, que ce soit parce que tout se passe bien, ou parce qu'il n'y a pas de client, mais cela pourrait donner des idées d'amélioration.

La deuxième possibilité est d'évaluer des interactions client/Service client qui ont été enregistrées.

La troisième possibilité est de lire ce que les clients ont bien voulu vous dire d'eux-mêmes : dans la boîte à idées, le forum, sur ou tout autre canal de communication.

Quatrième possibilité : recueillir des informations en faisant des enquêtes, soit sur le terrain en face à face, soit à distance. La difficulté des enquêtes est que le taux de réponse est parfois bas, et d'autant plus bas que le questionnaire est long et le nombre de questions important.

Comme il n'est pas toujours facile de recueillir des informations auprès des clients, il faut également chercher à évaluer le service client avec des informations générées dans l'entreprise.

Première source d'information : les chiffres de l'entreprise. Vous pouvez mesurer le taux de clients fidèles. S'ils sont fidèles, c'est qu'ils sont globalement contents.

Deuxième source d'information : organiser des Ateliers d'Analyse Virtuelle de la Réalité. J'appelle cela des Ateliers AViR. Dans ce type d'atelier, celui qui mène l'atelier joue le rôle d'un client, et déroule toutes les interactions qu'il peut avoir en tant que client avec l'entreprise. Son point de vue ne reflète que celui du client et il se moque de comprendre les problèmes de l'entreprise. Le faux client doit jouer l'avocat du diable : le client qu'il représente est fatigué, tendu, il a peu de temps et il a des difficultés à se concentrer. J'ai mené beaucoup d'ateliers AViR pour aider des entreprises à affiner leur offre et j'ai été étonné parfois de voir à quel point les entreprises ne se souviennent pas du client, mais seulement d'elles même. En général, les ateliers AViR font gagner un temps important et permettent de faire beaucoup moins d'erreurs sur le terrain que sans ces ateliers. L'inconvénient est que ces ateliers fonctionnent souvent mieux avec des intervenants extérieurs parce que les employés de l'entreprise ont tendance être plutôt très gentil avec leur propre entreprise, alors qu'une personne extérieure sera plus cinglante.

Troisième source d'information, à mon avis très efficace : le client mystère. Le client mystère va passer à travers tout le processus d'achat et va interagir avec un maximum d'employés de l'entreprise, dont ceux du service client. Il pourra vivre et ressentir ce que les clients réels ressentent. Par contre, si le client mystère fait un nombre d'évaluations non recevable statistiquement, on peut avoir une fausse bonne évaluation ou une fausse mauvaise évaluation. Il faudra donc évaluer le service client dans les mêmes conditions et avec le même problème supposé au moins trois à cinq fois. Parfois, le client mystère est un particulier qui a été embauché que pour le test. Dans tous les cas, il y a un formulaire d'évaluation à remplir. On y trouve la description d'une situation et des réactions possibles du service client.

En conclusion, il existe différentes façons de recueillir des informations pour évaluer la qualité du service client : chacune a des avantages et des inconvénients. À vous de choisir ce qui correspond le mieux à votre secteur d'activité.

Le TRPC brut et le TRPC Net

Le taux de résolution au premier contact est le taux le plus important à mesurer pour évaluer un service client ; s'il ne fallait en retenir qu'un, ce serait celui-là. Le taux de résolution au premier contact, ou TRPC, correspond à la quantité des problèmes résolus dès le premier contact, divisé par la quantité totale des résolutions de problèmes. Plus ce pourcentage est élevé, plus c'est positif pour vous comme pour le client ; il y a une corrélation entre taux de résolution au premier contact et satisfaction des clients.

En réalité, il va falloir être un peu plus fin dans cette analyse et distinguer le TRPC Brut, et le TRPC Net.

Le TRPC Brut est égal au nombre de problèmes résolus au premier contact divisé par le nombre total de contacts. Mais c'est plutôt une mauvaise mesure, car évidemment, plus le problème à résoudre est complexe, plus il y a de chance de devoir s'y prendre en plusieurs fois.

On va donc plutôt mesurer le TRPC Net qui est égal au nombre de problèmes résolus au premier contact, divisé par le nombre total de contacts auquel on retranche le nombre de problèmes à résoudre qui sont impossible à résoudre au premier contact.

Une analyse de Metricnet prouve qu'il existe une corrélation entre TRPC Net et satisfaction client. L'avantage d'un TRPC Net élevé semble évident : non seulement les clients sont contents, et donc vous allez les fidéliser et convaincre de nouveaux clients, mais vous allez gagner du temps et même éventuellement économiser de l'argent.

À quel TRPC Net devez-vous vous attendre ? La moyenne mondiale est autour de 74 %, avec à un extrême, des services client à 41 % et d'autres à 94 %.

Les service client avec des TRPC Net faibles sont généralement des services clients sous-traités à des plateformes d'appel dont les salariés sont peu formés et peu compétents et ne peuvent résoudre que des problèmes simples. Les services clients avec des TRPC Net élevés ont des employés très qualifiés équipés de logiciels de gestion des connaissances efficaces et parfois de logiciels de résolution problème à distance qui permettent par exemple de prendre en main l'ordinateur d'un client à distance.

Comment faire pour améliorer ce taux ? Former ses employés. La même étude montre qu'il existe une relation entre le TRPC Net et le nombre d'heures de formation d'un employé au service client. Avec 100 heures de formation initiale, le TRPC Net se situe entre 45 % et 70 %, tandis qu'à partir de 300 h de formation initiale, le TRPC Net ne descend pas en dessous de 70 %. Certes, ces chiffres concernent quelqu'un qu'on recrute. Mais que dire des employés déjà en place ? L'étude montre qu'il existe une relation linéaire entre le TRPC Net et le nombre d'heures de formation annuelles des employés. En absence de formation, le TRPC Net est compris entre 40 % et 60 %. L'amélioration se fait sentir dès qu'on dépasse 20 h de formation annuelle. Entre 20 h et 50 h de formation, les TRPC Net est compris entre 60 % et 90 %, et au-delà de 50 heures, le TRPC Net est au-dessus de 70 %.

Je pense que vous êtes maintenant convaincu de l'intérêt du TRPC Net. Mais attention ! Tout l'enjeu est dans la façon de définir ce qu'on appelle un problème impossible à résoudre au premier contact. On pourrait aller à la facilité et décider arbitrairement que tous les problèmes non résolus au premier contact deviennent par définition des problèmes impossibles à résoudre au premier contact. C'est très pratique, parce qu'il n'y a plus aucun effort à faire.

Je vous propose donc le critère suivant pour définir un problème impossible à résoudre au premier contact : un problème est impossible à résoudre au premier contact si, et seulement si, il est nécessaire de faire intervenir des personnes absentes ayant un profil technique unique qui les rende irremplaçables ou si le problème nécessite une intervention technique qui prenne plus d'une heure. Dans les autres cas, ce n'est pas un problème insoluble au premier contact, c'est juste que vous n'y arrivez pas : parce que vous êtes mal organisés, parce que le système d'information de l'entreprise est mal adapté, ou encore parce que vous êtes en sous-effectif. Alors, si vous voulez améliorer votre service client, vous pourriez commencer par améliorer votre taux de résolution au premier contact.

Calculer des scores d'évaluation de la qualité du service client : le CES moyen et le cluster CES

Quand vous avez récupéré des informations et des évaluations sur la perception qu'ont les clients du service client, il va falloir donner un score. Deux scores sont particulièrement importants, et nous allons nous intéresser plus particulièrement au :

– le score d'effort du client, également appelé en anglais : CES pour Customer Effort Score.

– et le score de satisfaction, aussi appelé en anglais : Net Promoter Score, ou NPS.

 Le score d'effort du client (ou CES) est un indicateur qui permet de mesurer l'effort demandé aux clients lors d'une interaction avec l'entreprise : un achat en magasin, en ligne, une réclamation…

Cet indicateur part d'une idée simple : moins l'effort à fournir est important, plus le client sera susceptible de rester fidèle à l'entreprise. Cet indicateur est donc lié à la satisfaction et la fidélité du client. Ce CES (score d'effort client) est apparu en 2010 et a remis en cause la notion de « Customer delight » en anglais ou « Effet WOW » : une tendance visant à dépasser les attentes des clients pour créer de l'enchantement afin de les fidéliser. En effet, il semble que ce postulat soit remis en question, et il semble que les clients souhaitent que les entreprises répondent de façon simple à leurs attentes, plutôt que de chercher à les surprendre avec des expériences clients hors du commun. Certes, l'effet WOW peut marquer les esprits, mais il ne peut pas y avoir d'effet WOW à chaque fois puisque chaque client s'est habitué à ce standard de qualité. La fidélité des clients dépend donc avant tout de la manière dont les entreprises minimisent l'effort que doit faire un client. Et ça, c'est une bonne nouvelle pour votre entreprise, car autant il est difficile d'imaginer et concevoir des « effets WOW », autant, se fixer un objectif de rapidité semble bien plus simple.

Comment calcule-t-on le CES ? Le CES est obtenu en demandant :

« Quel niveau d'effort avez-vous dû fournir pour…. » et vous complétez avec ce que vous voulez tester, par exemple :
– quel niveau d'effort avez-vous dû fournir pour résoudre votre problème ?

– quel niveau d'effort avez-vous dû fournir pour être conseillé ?
– quel niveau d'effort avez-vous dû fournir pour vous garer ?

La réponse est donnée sur une échelle de 1 à 7.

1 est un effort très faible, 7 un effort élevé, voire non tolérable.

On va définir deux CES différents : le CES moyen et le cluster CES.

Le CES moyen est la moyenne des scores. Plus la moyenne du CES moyen s'approche de 7 plus l'effort est important. C'est un score qui mélange un peu tout et c'est pourquoi il est intéressant de découper ses clients en groupes différents. En effet, l'effort demandé aux clients peut être perçu de façon très différente. Par exemple, un client ayant de fortes compétences en informatique aura peu d'efforts à faire pour suivre des procédures en informatique, alors que des personnes sans aucune expérience dans l'informatique peuvent avoir à faire de gros efforts de compréhension.

Ces groupes de clients sont parfois appelés de CLUSTERS. Le cluster CES consiste à créer trois groupes de clients.
-   Les clients qui estiment que l'effort demandé est faible : la note est de 1 ou 2
-   Les clients qui estiment que l'effort demandé est moyen : la note est de 3 ou 4
-   Les clients qui estiment que l'effort demandé est élevé : la note est de 5 à 7

Le cluster CES = le pourcentage de client à effort élevé moins le pourcentage de client à effort faible. Le score est compris entre -100 % et +100 % ct plus le score est élevé, plus c'est négatif pour votre entreprise.

Le CES est avantageux à utiliser pour plusieurs raisons : d'abord, car c'est un indicateur prédictif de la fidélité et il a été montré une corrélation avec un CES élevé et des bénéfices en hausse, corrélation qui n'a pas été clairement montrée pour le taux de satisfaction. Par ailleurs, comme le client évalue son propre effort, le client ne doit pas évaluer les interlocuteurs auxquels il a eu affaire. Il y a donc moins de chance que le jugement du client soit altéré parce ce qui a subjectivement pensé de ses interlocuteurs. Maintenant, à vous de choisir : CES moyen ou cluster CES, mais dans tous les cas, le CES est un facteur intéressant à mesurer.

Calculer le score de facilité client

Pour évaluer les retours des clients, il existe une variante du CES (score d'effort du client), c'est le score de facilité pour le client (en anglais, il est appelé Net Easy Score, NES). C'est le score symétrique au cluster CES. Pour déterminer ce score, on posera la question suivante :

« À quel point était-il facile d'obtenir l'aide que vous souhaitiez aujourd'hui ? »

- Facile : note de 1 ou 2
- Modéré : note de 3 ou 4
- Difficile : note de 5 à 7

Le score de facilité pour le client est alors égal à % de facile moins % de difficile. Le score est compris entre -100 % et +100 % et plus le score est élevé, plus c'est positif pour votre entreprise.

Il peut être intéressant de déterminer et le score de difficulté, mais aussi le **score de facilité** pour le client, car le résultat pourrait ne pas être tout à fait symétrique.

Enfin, pour identifier plus précisément les types d'efforts que le client trouve trop contraignants et qu'il faudra résoudre, vous pouvez poser également poser la question suivante : « *Que pourrions-nous améliorer pour vous faciliter la vie ?* »

Un travail de recherche de Henley Business School montre que le score de facilité pour le client serait plus facile à évaluer, car le terme « facilité » serait plus facile à comprendre pour les clients qui répondent à la question que le terme « niveau d'effort » qui peut être mal interprété.

En conclusion, avant de vous lancer dans un quelconque effet WOW, focalisez-vous sur ce qui a le plus d'importance pour les clients et qui a été prouvé générer des bénéfices pour votre entreprise : répondez aux attentes des clients le plus simplement possible et ne leur compliquez pas la vie inutilement. Si vous ne deviez utiliser qu'un seul facteur d'évaluation, retenez le score de facilité pour le client qui est aujourd'hui le plus pertinent.

Calculer des scores d'évaluation de la qualité du service client : le NPS

Si vous voulez évaluer les retours de vos clients sur le service clientèle, vous pouvez utiliser le Net Promoter Score (NPS). C'est un score de satisfaction. Il est calculé à partir des réponses obtenues à la question :

« Sur une échelle de 1 à 10, quelle est la probabilité que vous recommandiez notre marque/entreprise à votre entourage : vos amis, vos proches ou des collègues ? »

La question NPS peut être posée à vos clients après une interaction avec le service client. Comment ? Par l'intermédiaire d'un questionnaire de satisfaction post-contact envoyé par SMS ou par e-mail par exemple. Le NPS permet de mesurer la performance de votre service client en général, mais également celle des différents conseillers. N'hésitez pas à rajouter une question complémentaire aux clients qui donnent les plus mauvaises notes (en dessous de 7) au NPS, et demandez

« Selon vous, qu'est-ce que nous pourrions faire pour nous améliorer ? » aux clients qui donnent une mauvaise note.

En fonction du score obtenu, vous allez identifier trois catégories de clients.

1. Les clients Ambassadeurs : ils donnent la note de 9 ou 10. Ils sont fidèles et enthousiastes vis-à-vis de votre marque. Ils achètent et vous recommandent plus que la moyenne. Ce type de client permet à votre entreprise d'augmenter son chiffre d'affaires.
2. Les clients Neutres : ils donnent la note de 7 ou 8. Ils sont satisfaits sans être forcément très enthousiastes vis-à-vis de votre entreprise. Ils sont facilement susceptibles de partir à la concurrence.
3. Les clients Détracteurs : ils donnent une note allant de 0 à 6. Ils sont insatisfaits, n'hésiteront pas à dire du mal de votre entreprise et essaieront de décourager tout nouvel acheteur d'acheter chez vous. Ils ont un impact négatif pour vos ventes.

Calculons le NPS. Il est égal au pourcentage des Ambassadeurs moins le pourcentage des détracteurs, et l'on ne prend pas en compte clients neutres. On obtient un score qui va de -100 % à + 100 %.

Qu'est-ce qu'un bon NPS ? En théorie, un NPS supérieur 0 est correct. Mais il ne faut pas passer sous 0, car en dessous, cela veut dire que le nombre de détracteurs est plus élevé que le nombre des Ambassadeurs. Vous serez dans l'obligation de réagir. Au-delà d'un NPS de 50 %, c'est plutôt très rassurant, cela veut dire que vous avez deux fois plus d'Ambassadeurs que de détracteurs.

Pourquoi utiliser le NPS ? Parce qu'il existe une corrélation entre le NPS et la croissance d'une entreprise. Dans la plupart des industries, le NPS a un impact de 20 à 60 % sur les taux de croissance. Si malgré un NPS élevé, la loyauté ne génère pas de revenus supplémentaires, l'erreur vient probablement d'une segmentation stratégique mal faite et d'une analyse où tout est mélangé. Par exemple, les ambassadeurs utilisent uniquement les produits premiers prix et les détracteurs achètent les produits les plus chers et sont déçu de l'inadéquation entre prix d'achat et pauvreté du service client.

Il existe toutefois des inconvénients au NPS : il n'est pas très précis, car le même NPS peut correspondre à des données très différentes. Par exemple, un NPS de 30 % peut correspondre à : une entreprise qui a 50 % d'ambassadeurs et 20 % de détracteurs. Ou encore une entreprise qui a 30 % d'ambassadeurs et 0 % de détracteurs. La situation n'est pas du tout la même et les réponses ne seront pas les mêmes si l'on veut améliorer le service client.

En conclusion, malgré certaines imprécisions possibles, le NPS est un très bon score pour évaluer la qualité d'un service client et il est en plus corrélé à la croissance commerciale d'une entreprise. Si vous ne l'utilisez pas encore, pensez-y.

Lancez-vous dans la mise en place de standards pour le service client

Les entreprises qui développent leur chiffre d'affaires et qui réussissent ont une culture d'entreprise très orientée client. Cela implique des produits et des services qui répondent au mieux aux attentes des clients, mais aussi un service client au minimum aussi performant que celui des concurrents, si ce n'est mieux.

Pour être performants, le service client doit pouvoir évoluer et s'améliorer, chose possible seulement s'il existe une référence ou des standards sur lesquels se baser pour mesurer la progression. Ces standards doivent correspondre à des attentes des clients, mais doivent surtout se focaliser sur ce qui sera le plus rentable pour l'entreprise.

Nous avons vu quelle logique utiliser pour établir des standards qui permettront à votre entreprise de progresser. Si l'on prend du recul, fondamentalement, trois éléments vous diront si vous êtes sur la bonne voie : premièrement, l'engagement des employés, deuxièmement la satisfaction des clients, et enfin, troisièmement, le chiffre d'affaires. Si ces trois éléments sont en augmentation, votre entreprise a toutes les chances de réussir et créer beaucoup de valeur.

3

RÉSOLVEZ LES PROBLÈMES DE VOS CLIENTS

GÉRER LES ATTENTES DES CLIENTS

Les clients ont deux besoins fondamentaux

Pour répondre au mieux aux besoins de vos clients, il faut savoir qu'ils ont deux attentes fondamentales. Il y a d'abord une attente très rationnelle qui est celle de résoudre ce qu'ils considèrent comme un problème lié à l'achat ou l'utilisation de votre produit. C'est le plus souvent une demande d'assistance technique. Mais il existe une attente moins rationnelle, car c'est une attente émotionnelle.

Votre client peut être déçu, stressé, tendu ou encore surpris ou furieux par l'écart qu'il perçoit entre ce qu'il a compris que vous lui vendiez, et ce qu'il reçoit. Il a donc besoin de décrire sans situation émotionnelle et de voir ses émotions reconnues. Si vous résolvez uniquement le problème technique sans vous préoccuper de l'émotionnel, vous répondez à l'attente rationnelle, mais pas à l'attente émotionnelle. Et dans ce cas, aussi paradoxal que cela paraisse : les clients dont vous avez résolu le problème, mais auxquels vous ne répondez pas émotionnellement, auront le sentiment d'avoir reçu un service médiocre à cause des émotions négatives ressenties (et cela d'autant plus que les émotions négatives seront fortes : frustration, inquiétude, sentiment de déranger). Par exemple, vous avez acheté un cadeau pour l'anniversaire de votre partenaire sur un site internet, mais la veille, le cadeau n'est toujours pas arrivé. Vous êtes stressé, car vous sentez que votre partenaire pourrait vous en vouloir alors que vous n'êtes pas responsable : vous appelez le service client pour vous plaindre. Qu'aimeriez-vous que le service client fasse ? Bien sûr, s'excuser et vous montrer à quel point ils compatissent. Mais quoi d'autre ? Si le service client vous demandait ce qu'il peut faire pour vous, qu'est-ce que vous diriez ? Mettez-vous à la place du client et ensuite, mettez en place dans votre entreprise les procédures qui correspondent à ce que vous aimeriez vivre si c'était vous le client.

Les besoins émotionnels sont encore plus importants que les besoins rationnels pour ressentir un service client positivement. Vous ne pourrez pas toujours trouver des solutions techniques pour vos clients, mais vous pourrez toujours laisser une impression très positive si vous prenez en compte les attentes émotionnelles et que vous vous donnez comme objectif que vos clients soient plus heureux en vous ayant appelé que s'ils ne vous avaient pas appelé du tout.

La toute première impression est durable

Vous travaillez au service client d'une entreprise, que ce soit une grande entreprise ou une PME. Un client vient d'appeler au téléphone ou vient sur place chez le service client. La toute première impression est celle qui va laisser la trace la plus durable. Si cette première impression est positive, le client gardera une impression positive même si tout le reste de l'interaction est neutre. Si jamais vous n'êtes pas disponible, vous devez faire comprendre au client que vous l'avez vu et que vous allez vous rendre disponible pour lui bientôt. Je vais vous raconter une anecdote personnelle qui vous est peut-être aussi arrivée. À l'aéroport de Munich, dans une boutique d'électronique de haut de gamme, j'avais besoin de renseignements sur un produit en exposition. Je me rends à l'accueil : la personne en charge du magasin était au téléphone sur son portable et tenait une discussion qui n'était clairement pas une discussion professionnelle. J'ai dû attendre trois minutes, c'est-à-dire 180 secondes, et c'est long, avant que cette personne ne *daigne* raccrocher et m'adresser la parole. La vendeuse a beau eut s'excuser de m'avoir fait attendre, je n'ai pas pu m'empêcher de me dire que le service client de cette boutique était déplorable.

L'équivalent téléphonique de ce genre de comportement est le suivant : vous recevez un appel téléphonique d'une entreprise, vous décrochez, et…. personne ne vous parle. Vous entendez le bruit de fond d'une plateforme téléphonique pendant de longues secondes avant qu'un opérateur ne vous adresse la parole. Je ne sais pas comment on peut commencer plus mal une relation avec un client. Certes, c'est probablement le système informatique de numérotation automatique qui génère ce délai, et les opérateurs n'y sont pour rien, mais avant même de commencer à parler à un opérateur, le client le déteste déjà parce que le minimum de respect qu'on peut avoir pour un client est de ne pas le faire attendre alors qu'on le sollicite. Un conseil pour tous ceux qui sont en charge de services clients au téléphone : quand un opérateur doit parler à un client, il ne faut pas

de délai de réponse. Mais il y a encore pire : pour économiser, certaines entreprises passent des appels téléphoniques automatiques préenregistrés qui vous disent : « Vous avez reçu un message important de la part de votre garage Machin, veuillez rappeler tel numéro dès que vous le pouvez ». Évitez, parce que cela dégrade l'image que les clients ont de votre entreprise. Quelle est la première chose qu'on remarque au premier contact : le visage de son interlocuteur, ou le son de sa voix si l'on est au téléphone. Le premier contact se doit donc d'être agréable, et pour cela, la façon la plus simple est de sourire. La question n'est pas de savoir si vous avez *envie* de sourire : je peux vous garantir que non. On n'a pas envie de sourire 8 h par jour. Alors, pourquoi sourire ? Une étude publiée en 1988 montre que tenir un stylo dans la bouche pour créer un faux sourire pouvait influencer l'humeur et la rendre plus positive. En réalité, une étude plus récente montre que ces résultats ont été surestimés et ce n'est pas pour votre bonheur qu'il faut sourire, mais pour deux raisons :
1) La première est que le client préfère voir quelqu'un qui lui sourit que quelqu'un qui a l'air malheureux.
2) La deuxième est que quand vous souriez, quand vous commencez à parler, le son de votre voix est très dynamique.

Faites bien attention à donner une très bonne première impression.

L'engagement personnel fait la différence

Quand le service client est envisagé comme un ensemble de rouages qui doivent apporter des solutions, les personnes en charge se sentent comme un rouage de toute la chaîne et ont toutes les chances de ne prendre en charge que la partie du problème du client qui les concerne directement. Pourquoi ? Pour ne pas avoir à prendre de responsabilité, et pour des raisons aussi variées que :

- Ce n'est pas mon travail
- Je ne veux pas être blâmé par le client alors que je n'y suis pour rien.
- Je n'ai pas le temps.
- Le problème est trop difficile à résoudre, je préfère m'en débarrasser sur quelqu'un d'autre.

Il résulte parfois un parcours du combattant pour le client.

En réalité, ne pas s'engager personnellement à résoudre le problème du client cause plus de problèmes qu'il n'en résout. En effet, les clients considèrent chaque personne du service client comme le représentant l'ensemble de l'entreprise et ne se soucient pas de savoir qui fait quoi, ou quelles sont les contraintes internes à l'entreprise. Ils ont simplement besoin de quelqu'un pour intervenir et les aider à résoudre le problème. Pour cela, il faut former le service client à cette logique. Et cela passe par apprendre aux collaborateurs à utiliser les formules qui marquent l'appropriation d'un problème. Ainsi, ne dites plus que vous ne savez pas ou que c'est quelqu'un d'autre qui a l'information, mais plutôt :

– Je n'ai pas cette information, mais si vous avez trois minutes à m'accorder, je peux aller voir les personnes responsables.

Ou encore :

– Je ne vois rien dans votre dossier, mais si vous avez trois minutes, je peux contacter le service logistique pour leur demander une explication ?

 Le gros avantage de l'appropriation personnelle d'un problème d'un client est que cela empêche le client de s'irriter ou s'énerver même si vous n'avez pas la réponse immédiatement : en effet, il est évident pour le client que vous avez décidé de les aider, et vous lui demandez un minimum d'effort : juste attendre.

Si un client est déjà furieux en contactant le service client, il suffit parfois à la personne du service client de s'approprier le problème personnellement pour que le client se calme. Quatre étapes pour cela :

1) Reconnaissez le problème et les sentiments du client et faire preuve d'empathie pour répondre à son besoin émotionnel. Dites que vous êtes désolé et que vous comprenez son mécontentement.

2) Dites au client que vous allez chercher l'information qu'il cherche ou que vous allez trouver une solution. Dites-lui aussi comment vous pensez résoudre son problème.

3) Focalisez-vous sur ce que vous pouvez contrôler. En effet, inutile de faire des propositions qui nécessitent des actions sur lesquelles vous ne pouvez pas avoir d'influence.

4) faites un suivi quand c'est possible. Dans le cas où vous n'avez pas pu résoudre personnellement le problème d'un client, contactez-le par mail ou par téléphone pour savoir si le problème a été résolu et s'il a été satisfait de la solution proposée. Cela prouvera à quel point votre entreprise se préoccupe de la satisfaction des clients sans pour autant que cela ne prenne trop de temps, et cela permettra d'améliorer l'image de marque de votre entreprise.

En conclusion : de nombreux problèmes peuvent être résolus rapidement si une seule personne du service client s'approprie personnellement de problème et accompagne le client jusqu'à la résolution définitive du problème. Cela rassurera les clients qui achèteront plus facilement chez vous et cela améliorera l'image de marque de votre entreprise.

Se focaliser sur ce qui rend service aux clients

Les entreprises se focalisent souvent sur ce qui va leur faciliter la vie plutôt que de se demander ce qui va rendre la vie du client facile. Une chose qui m'énerve beaucoup au téléphone, et qui énerve tout le monde : ne pas réussir à obtenir un interlocuteur. En effet, beaucoup de clients veulent juste pouvoir parler à quelqu'un et ils s'attendent à avoir un humain au téléphone. Alors, quand un client vous appelle et que vous lui imposez de naviguer dans le labyrinthe des menus automatiques laborieusement listés par une voix robotisée, cela l'irrite : simplifiez-lui la vie en décrivant l'arborescence de votre labyrinthique répondeur sur votre site internet. Par ailleurs, pensez, dans le message d'accueil, à l'inviter à visiter la page en question. Et pour ce qui est du lien, utilisez un lien court ! Évitez les www.nom-de-l'entreprise/répondeur/information/menu.html. Pour cela il existe des raccourcisseurs d'URL ; beaucoup d'entre eux proposent d'ailleurs des statistiques.

Ensuite, évitez les demandes absurdes : pourquoi, demander au client de rentrer son numéro de client sur son clavier et de terminer par #, si c'est pour que la première question posée par l'interlocuteur du service client soit : « pourriez-vous me donner votre numéro de client ? ». C'est illogique et cela dégrade votre image de marque auprès du client.

Enfin, évitez les absurdités ! En particulier, évitez les numéros payants : si des clients vous appellent pour se plaindre d'un problème dont ils vous estiment responsable et découvrent que l'appel est payant, cela risque de les énerver. Encore plus s'ils doivent payer le temps d'attente ! Par exemple, vous avez un abonnement téléphonique à 2 € par mois, votre téléphone ne marche pas, et cela vous coûte l'équivalent de quatre à six mois d'abonnement pour résoudre votre problème de dysfonctionnement : absurde, non ? Avec ce genre de système, vous êtes sûr que vos clients seront bien énervés au moment où les personnes de votre service client les prendront en ligne. Vous serez même suspectés de volontairement avoir un service client très lent pour potentialiser l'argent qui sera payé par le client.

Pour éviter les numéros en 0800 ou numéros payants, certains clients vont chercher d'autres façons de vous contacter. Mettez en place un service client multicanal : téléphone, courriel, chat, Facebook. Cela permet au client de choisir le mode d'interaction le plus adapté pour lui. Les moyens de contacts asynchrones (c'est-à-dire que la réponse ne se fait pas en direct) vont permettre à vos clients de vous contacter au moment où ça les arrange, à 23 heures si c'est nécessaire, par exemple par courriel.

Comme il est probable que vos clients recherchent vos coordonnées sur internet, faites en sorte qu'il soit facile de trouver les différents moyens de vous joindre.

En conclusion, essayez de faciliter la vie de votre client, rendez-lui service plutôt que de vous préoccuper de la simplification des processus internes à l'entreprise : ce sont les clients qui vous font gagner de l'argent.

Anticiper les demandes des clients

De nombreux clients mécontents appellent en réalité, car ils manquent d'information. Un grand classique est le produit vendu sans un mode d'emploi compréhensible : il n'y a qu'à regarder les commentaires négatifs sur certains sites en ligne, la seule raison du mauvais commentaire est l'absence d'un mode d'emploi en français ou d'un mode d'emploi assez détaillé. Vous perdez probablement beaucoup de temps à répondre à des demandes de clients qui auraient pu, a priori, se débrouiller tout seuls. Et c'est particulièrement vrai quand un client appelle uniquement pour demander des informations. Dans l'absolu, il ne devrait jamais appeler pour des thématiques de ce genre : le service client doit résoudre des problèmes, pas juste informer. Imaginez : le mode d'emploi d'un nouveau produit de votre entreprise est mal rédigé et vous recevez des centaines d'appels pour vous demander d'expliquer comment effectuer les premiers réglages : vous allez perdre des heures, voire des jours entiers. Pour gagner de temps, vous devez éviter les appels de demande d'information. Informer et faire en sorte que les clients puissent profiter des produits de l'entreprise sans s'énerver est une des premières missions d'une entreprise : le client doit comprendre clairement l'offre et à quoi sert le produit ou le service. Ce problème du manque d'information est particulièrement facile à anticiper, malheureusement, de nombreuses entreprises n'ont pas les compétences ou la volonté de faire des documents de qualité. Il existe manière d'anticiper ce manque d'informations :

1) proposer des forums d'entre-aide, où les utilisateurs peuvent eux-mêmes partager des informations. Cela permettra d'ailleurs à vos salariés du service client d'apprendre des astuces techniques dont ils n'avaient pas eux-mêmes connaissance.

En revanche, veillez à ce que le service client intervienne sur le forum, car s'il y a un problème auquel aucun utilisateur ne sait répondre, cela aura un effet négatif, le mécontentement des uns s'amplifiant avec le mécontentement des autres. Bref, c'est à l'entreprise d'animer le forum.

2) partager des articles de formations ou des articles pédagogiques sur le site internet de l'entreprise ; cependant, attention dans ce cas de ne pas se focaliser sur la technique, mais sur l'usage. Par exemple, l'article ne doit pas s'appeler, « comment intégrer le module F34 dans le bitonio », mais plutôt « Comment utiliser le Bitonio pour faire des trous de quatre mètres de profondeur »

3) prévoir des F.A.Q. ou Foires aux Questions. En revanche il faut qu'elles soient bien conçues, car sinon, cela va irriter l'utilisateur. Parfois, le meilleur est l'ennemi du bien : certaines entreprises veulent répondre à toutes les questions d'avance dans les F.A.Q. Qui n'a pas été confronté au fameux service client qui vous dit : allez voir dans les FAQ ? Justement, on ne veut pas y aller, car (1) il y a des

milliers de pages de FAQ et l'on ne trouve pas l'information qu'on veut et (2) quand on trouve l'information, elle est tellement mal rédigée qu'on ne comprend rien.

Les moyens de mise à disposition des ressources que je viens de citer sont les plus classiques. Il y a en réalité des moyens plus originaux qui peuvent être encore mieux perçus par vos clients :

- Créer des formations vidéo, c'est-à-dire des tutoriels. C'est aujourd'hui plutôt facile à créer et peu cher à développer.
- Créer et utiliser des Chabots, c'est-à-dire des robots conversationnels capables de mimer une discussion humaine pour donner directement l'information pertinente à un client.

Avoir des ressources à disposition des clients est un bon moyen de réduire le nombre d'appels au service client. En revanche, une fois qu'un client est mécontent, préférez intervenir au téléphone plutôt que par e-mail parce que cela permet de traiter la réclamation de façon personnalisée et de manière plus humaine.

Utilisez des questionnaires pour mieux comprendre vos clients

Pour comprendre les attentes des clients, vous pouvez répondre à leurs sollicitations, mais vous pouvez aussi leur proposer de répondre à des questionnaires de satisfaction et prendre en compte leurs réponses pour améliorer vos services et produits. Cependant, utiliser les commentaires des clients n'est pas toujours facile. D'abord, il n'est pas facile, psychologiquement, d'accepter les commentaires négatifs, car les clients sont sans pitié et la méchanceté de certains commentaires négatifs peut facilement donner l'impression d'une attaque personnelle. Ensuite, il est parfois difficile de savoir si l'on peut se fier à un commentaire parce que les clients mécontents exagèrent facilement et peuvent même partiellement mentir quand ils répondent à des questionnaires. Avant de commencer à travailler sur des questionnaires, je vous conseille de ne rien prendre personnellement. Les commentaires négatifs ne sont que l'illustration de la frustration du client. Par exemple, une personne très pressée qui entre dans un Fast-food pour aller vite et qui mettra 25 minutes à être servie a toutes les raisons d'être furieuse. Comme les clients mécontents ne sont parfois pas très fiables ni honnêtes dans leurs commentaires, commencez par poser des questions ouvertes du style « Que pourrions-nous améliorer ? ». Une fois qu'un nombre minimum de remarques négatives allant dans le même sens sont faites, par exemple 2 % des clients, transformez la thématique en question fermée pour obtenir plus de réponses et vous faire une idée plus précise sur ce que pensent vraiment les clients sur le sujet. Ainsi, si la lenteur de votre fast-food est évoquée à de nombreuses reprises, rajoutez, dans votre questionnaire, la question :

– Pour un Fast-food, pensez-vous que comparativement aux autres Fast-food, notre temps d'attente pour être servi est : Beaucoup plus rapide/ Plus rapide/ Aussi rapide/ Un peu plus lent/ Beaucoup plus lent.

En posant alors systématiquement la question sous forme de QMC, vous allez obtenir beaucoup plus de réponses pour ce sujet que vous ne pouvez en obtenir si vous attendez des réponses spontanées : vous allez pouvoir vous faire une meilleure idée de la réalité du problème. Ensuite, faites une analyse des résultats et choisissez le pourcentage au-delà duquel il faudra que vous changiez profondément les pratiques et les procédures de votre Fast-Food : par exemple, si plus de 10 % des clients considèrent que vous êtes plus lent que les autres. Enfin, ne faites pas dire n'importe quoi à vos questionnaires justes parce que cela vous arrange. Dans notre exemple du Fast-food, notez l'heure à laquelle le questionnaire a été rendu : il serait ridicule de mélanger les réponses de clients qui auraient commandé à 13 h, en plein rush, et ceux qui commandent en plein après-midi et d'en faire une moyenne. Si vous avez peur de tomber dans ce genre de pièges, n'hésitez pas à contacter quelqu'un d'extérieur à l'entreprise et qui peut vous aider.

Si vous n'avez pas l'habitude de faire des sondages, ne pensez pas que cela soit difficile ou que cela vous prendra vraiment du temps. Il existe des solutions gratuites comme Google Forms ou encore des solutions payantes. Ces solutions permettent toutes de poser des questions ouvertes comme des questions fermées et vous pouvez décider de ne regarder les résultats des sondages qui s'accumulent dans le temps qu'après avoir obtenu 1000 réponses par exemple. Dans ce cas, vous aurez des statistiques et vous pourrez identifier les sources d'insatisfaction pour vos clients.

Cinq règles pour ne pas énerver ses clients

Le service client doit être considéré comme une priorité par les entreprises. En effet, il permet de rassurer les clients dans le choix qu'ils ont fait d'acheter vos produits ou services. Un bon service client vous permet de vous différencier de la concurrence quand les produits et services que vous proposez sont similaires à ceux de la concurrence. Par ailleurs, cela vous permettra d'améliorer vos produits et services grâce à des retours d'informations et des suggestions de vos clients. La chose que doit éviter de faire votre service client, c'est d'énerver les clients, et cela même si seuls 20 % des clients considèrent que l'amabilité est importante dans un service client. Cela peut paraître évident, mais de nombreux petits détails peuvent transformer un client qui a une opinion neutre sur votre entreprise en un ennemi redoutable qui dira du mal de votre entreprise autour de soi.

Première règle : être disponible. Montrer à vos clients que vous êtes là pour les aider et que vous considérez cela normal.

Une façon simple de le faire sentir est de le dire carrément : « Bonjour, je suis Philippe, je suis là pour vous aider de mon mieux. Qu'est-ce que je peux faire pour vous ? »

Deuxième règle : il faut être aimable. En effet, il faut éviter d'irriter les clients, et cela même si seuls 20 % d'entre eux considèrent que l'amabilité est importante dans un service client. Cela peut paraître évident, mais de nombreux petits détails peuvent transformer un client qui a une opinion neutre sur votre entreprise en un ennemi redoutable qui dira du mal de votre entreprise autour de soi.

Troisième règle : mettez en place un service client multicanal : téléphone, courriel, chat, Facebook. Quel intérêt ? Cela permet aux clients de choisir le mode d'interaction le plus adapté pour lui. Certains préfèrent un contact téléphonique, certains sont irrités de devoir appeler des numéros en 0800 et payer les fameux 34 centimes par minute plus prix de la communication souvent réclamés par les entreprises, ils vont donc préférer le courriel ou le chat. Cela leur permet aussi d'interagir avec votre entreprise quand ça les arrange. Par exemple, si un client veut poser une question à 23 heures, le courriel lui permet de poser sa question au moment où ça lui convient. Comme il est probable que vos clients recherchent vos coordonnées sur internet, faites en sorte que ce soit très facile de comprendre comment vous contacter. Dans le cas où il est nécessaire pour un client de naviguer dans des menus automatiques au téléphone, n'hésitez pas à décrire l'arborescence sur votre site internet, cela permettra à vos clients de s'y retrouver plus facilement et ils sauront s'ils trouveront ce qu'ils cherchent avant même d'appeler. Pour vous donner une idée de la façon dont les services clients sont contactés, en France, c'est à peu près 85 % au téléphone, 50 % sur internet ; 40 % par mail ; 30 % en face à face, 35 % par courrier postal, 15 % par messagerie instantanée.

Quatrième règle : les émotions sont contagieuses. Il est nécessaire de toujours parler avec un ton de voix calme et bas : un client même mécontent sentira que vous avez confiance en vous et se calmera rapidement pour ajuster son propre ton de voix. Et c'est vrai en face à face comme au téléphone. Dans tous les cas, si un client est énervé et parle fort, ne montez pas le ton de la voix, cela ne fera qu'aggraver la situation.

Cinquième règle : ne faites que des promesses que vous pouvez tenir. Ne pas tenir ses promesses est le meilleur moyen de créer un client très mécontent, et si vous avez un doute sur la capacité de votre entreprise à résoudre un problème, dites à votre client que vous allez en parler à votre superviseur. Ne promettez que ce dont vous êtes sûr à 100 %. Si c'est possible, dites à votre client dans quel délai vous aurez la réponse définitive et soyez très précis.

Par exemple, ne dites pas

« J'aurai la réponse à la fin de la semaine »,

mais dites plutôt :

« J'aurai la réponse pour vendredi 10 h 30, est-ce que cela vous convient ? »

Conclusion : soyez attentif à ne pas générer de la frustration et de l'énervement chez votre client, car un client mécontent se plaint à dix personnes alors qu'un client content ne va en parler qu'à deux.

Six astuces pour faire patienter les clients dans une file d'attente

Qu'y a-t-il de plus énervant que d'attendre au téléphone ou dans une file d'attente quand on n'est pas content ? L'attente est un élément majeur dans la perception de bonne qualité (ou pas) d'un service client. Mais parfois, il n'y a pas le choix. Il faut que le client patiente, car on ne peut pas faire autrement. Nous allons voir six astuces qui modifient la perception du temps qui passe dans une file d'attente. Imaginez que vous vouliez aller dans un musée parisien pour une exposition temporaire. Vous réalisez qu'il y a 200 mètres de queue, et les gens attendent, les uns derrière les autres sur le trottoir. Comment pourrait-on diminuer la frustration de la personne qui veut aller à l'exposition ?

Première astuce : le serpent. Pour que les clients ne perdent pas patience, il faut diminuer la perception de la longueur de la queue. Pour cela, organisez la file d'attente pour qu'elle fasse des allers-retours, comme un serpent. La queue sera très compacte, mais ne sera pas longue.

Deuxième astuce : le morcellement. Pour que les clients supportent une attente longue, il faut morceler la file d'attente en séparant visuellement des parties de la file d'attente de telle façon que les gens ne la voient pas. Cela donne l'impression que la queue est moins longue et c'est qui est fait dans les parcs d'attractions dans lesquelles les queues serpentent en suivant un parcours qui passe par plusieurs salles.

Troisième astuce qui concerne les situations à guichets multiples : la file unique. Il est insupportable d'attendre dans une queue dans laquelle cela n'avance pas du tout. Le seul moyen d'avoir une queue qui avance un peu en permanence consiste à avoir une queue unique pour tout le monde, les clients se répartissant aux différents guichets au dernier moment lorsqu'un guichet se libère. Cette queue diminue la frustration des clients qui attendent pour plusieurs raisons : comme il y a plusieurs guichets, il y en a statistiquement un qui se libère très régulièrement et cela fait avancer lentement tout le monde : on a un mouvement continu. Mais ce n'est pas tout : cela règle deux frustrations terribles : la première est celle d'avoir un guichet qui ferme juste devant nous ou qui ralenti brutalement parce qu'un code barre ne passe pas, ou toute autre raison. Et deuxième frustration que nous connaissons tous : celle d'avoir l'impression d'être toujours dans la file la plus lente. En fait, ce phénomène s'explique facilement. S'il y a dix guichets et que vous en prenez un au hasard, il n'y a qu'une chance sur dix que ce soit la file la plus rapide. Or, comme on compare toujours sa file à la plus rapide, et non aux autres, on peut avoir l'impression d'être dans la file la plus lente même si ce n'est pas le cas. Conclusion, créez une file unique quand vous avez des guichets multiples.

Quatrième astuce : l'animation. Quand le temps d'attente est très long, l'ennui peut gagner les clients, et avec l'ennui vient l'irritation. Une façon de diminuer la perception de l'attente est d'occuper le temps d'attente avec des activités qui intéressent vos clients. Un très bon exemple est le parc d'attractions du Futuroscope qui présente l'attraction Lapins Crétins. Aux horaires de pointe, la file d'attente peut durer au-delà d'une heure. Pour réduire l'impression d'attente, non seulement la file serpente de salle en salle, mais des animations sont placées tous les cinq àdix mètres. Dans la dernière salle, il y a même une telle richesse de choses à voir et regarder que l'attente n'en est même plus pénible : c'est une attraction au même titre que l'attraction elle-même. Cette astuce peut s'appliquer non seulement à un parc d'attractions, mais à tout un tas d'autres domaines, par exemple, pour faire patienter les clients qui attendent d'être placés dans un restaurant. C'est à vous de faire preuve d'imagination et de créer une animation agréable durant le temps d'attente.

Cinquième astuce : supprimer l'attente. Il ne s'agit pas de supprimer l'attente réelle, il s'agit de supprimer l'attente perçue. Une sandwicherie du sud de la France a trouvé une solution élégante. Contrairement aux sandwicheries traditionnelles, dès que quelqu'un arrive, la commande est prise aussitôt et inscrite sur un tableau blanc : le client paye et le prénom du client est noté. La sandwicherie indique au client combien de temps il faudra pour obtenir son sandwich, par exemple quinze minutes : et le client peut partir faire autre chose plutôt que d'attendre dans une file d'attente. La sandwicherie appellera le client par son prénom dès que ses sandwichs sont prêts. Il y a bien toujours du temps d'attente, mais l'attente n'a pas lieu dans une file d'attente et du coup, les clients n'ont pas l'impression d'avoir vraiment à attendre.

Sixième astuce : faire une mise à jour régulière. Un élément a bouleversé la vie des Parisiens qui prennent le métro : des affichages ont été installés pour indiquer, en temps réel, le temps avant l'arrivée du prochain métro et aussi de celui qui suit. Autant, il est insupportable d'attendre cinq minutes sans savoir quand va arriver un métro, autant, savoir qu'il arrivera dans cinq minutes permet de prendre son mal en patience. Et il y a mieux, si le métro qui arrive est bondé et que vous savez que le prochain arrive dans deux minutes, vous êtes prêt à attendre le prochain alors que si vous n'avez aucune information, vous vous sentez obligés de prendre le métro surpeuplé.

Soyez imaginatifs et cherchez des solutions qui rendent le temps d'attente agréable et vos clients vous remercieront

Cinq astuces pour faire la différence

Pour vous démarquer de la concurrence sur des marchés où les produits et les services se ressemblent tous aux yeux du client, proposer un service qui dépasse les attentes de vos clients peut très largement faire la différence. Tout dépend du niveau de leurs attentes. C'est cette diversité qu'il va donc falloir gérer pour éviter à certains clients d'être déçus ou furieux. Pour cela, je vous propose cinq astuces.

Première astuce : préparez vos clients à l'inattendu ou l'inhabituel. Si votre entreprise fait quelque chose d'inattendu ou d'inhabituel pour votre secteur d'activité, et qui pourrait surprendre de nouveaux clients, prenez le temps d'expliquer le pourquoi du comment afin que les clients sachent à quoi s'attendre dès le départ et qu'il n'y ait pas de malentendu. Par exemple, certaines sociétés de production audiovisuelle facturent du « temps machine ». C'est un concept assez étrange qui consiste à faire payer au client la durée durant laquelle les ordinateurs vont fonctionner pour faire les calculs qui permettront de solutionner le problème. Comme c'est une pratique relativement marginale et plutôt négativement originale, il est nécessaire de bien expliquer au client pourquoi c'est facturé et ce que cela coûtera vraiment afin qu'ils ne supposent pas que le temps d'utilisation des ordinateurs pour la prestation est inclus dans le prix.

Deuxième astuce : expliquez précisément les procédures aux clients pour qu'ils ne se sentent pas perdus. Par exemple, pour échanger ma souris défectueuse, il m'a été demandé de faire un prépaiement de la valeur de la souris, mais qui ne sera pas débitée si je renvoie l'ancienne comme promis. La procédure est rationnelle, car cela permet à l'entreprise d'envoyer du matériel avant d'avoir reçu l'ancien en échange et cela évite à des escrocs de récupérer du matériel gratuitement. Là où c'est plus embêtant, c'est que ces procédures sont expliquées à l'oral et que sur le site, il est clairement indiqué de « payer la facture ». Il faut donc bien le préciser.

Troisième astuce : soyez précis sur les durées et le temps en général. Quand vous devez donner un délai aux clients, proposez une fourchette de temps sauf si vous êtes sûr à 100 % de pouvoir tenir le délai. Préparer le client au pire pour qu'il ne puisse qu'être agréablement surpris. Par exemple :

– Cela devrait prendre au plus cinq jours, mais parfois, certains clients reçoivent le matériel au bout de 24 h. Cela dépend du transporteur. Mais ne comptez pas trop sur 24 heures, comptez plutôt sur cinq jours.

En s'y prenant de cette façon, les clients seront bien obligés de retenir la fourchette haute, c'est à dire cinq jours. Si le client reçoit le colis en moins de cinq jours, il ne peut qu'être agréablement surpris, et s'il le reçoit en 24, il sera même très agréablement surpris.

Quatrième astuce : soyez précis dans les propositions de rappel téléphonique. Supposons qu'un client vous demande des informations et que vous deviez faire une recherche, puis le rappeler. Proposez une heure de rappel très précise. Cette phase est importante, car cela vous permettra de vérifier que le client est présent et qu'il n'aura pas à perdre du temps pour vous rappeler et, par la même occasion, vous ne perdrez pas votre temps non plus. Par exemple, dites :

– Est-ce que je peux vous rappeler demain à 9 h 55 ?

Cinquième astuce : ne mentez pas en prenant de l'avance sur la réalité. Par exemple, si vous êtes une agence immobilière et que vous faites le dossier d'emprunt pour votre client, ne lui dites pas que sa demande de prêt sera approuvée sans aucun problème si vous avez des doutes, parce que cela se retournera contre vous, le client risque d'être surpris et furieux contre vous, car vous avez « promis » que ça fonctionnerait. Préférez dire la vérité et préparer une solution de repli. En revanche vous pouvez répondre :

– Votre dossier pourrait être accepté, mais les autres dossiers du même type sont souvent rejetés. On doit donc attendre la réponse officielle pour savoir. On devrait le savoir vendredi prochain avant midi. Si jamais ça ne marche pas pour l'appartement que vous voulez acheter, un crédit de 150 k€ au lieur de 200 k€ devrait par contre pouvoir plus facilement passer. Mais on verra cela vendredi.

En conclusion, pour gérer les niveaux d'attentes variés des clients, leur éviter des déceptions et du stress, ne mentez pas ou ne travestissez pas la réalité, soyez précis dans vos propositions de rappel téléphonique, soyez précis sur les durées, expliquez bien les procédures et préparez vos clients à l'inhabituel.

FAITES-VOUS AIMER DES CLIENTS ET CRÉEZ UN LIEN PERSONNEL

Les gens achètent vos produits, car ils vous aiment bien

Certains influenceurs partagent largement leur vie privée sur les réseaux sociaux, et grâce à cette proximité perçue par leur auditoire, ils arrivent à convaincre leurs fans d'acheter tel ou tel produit. Les gens n'achètent pas les produits parce qu'ils sont bien, ils les achètent parce qu'ils aiment bien le vendeur. L'enjeu de la relation avec les clients varie en fonction du type de compétition que rencontre votre entreprise. Cependant nous allons voir que dans la majorité des cas, il faut se faire aimer de ses clients. Cela permet d'avoir des clients plus confiants et plus ouverts à vos conseils. En effet, les clients ont tendance à être plus fidèles quand ils vous apprécient ou apprécient personnellement un employé d'une entreprise. Ils sont également plus susceptibles de pardonner certaines erreurs, car quand ils vous aiment, les clients veulent que vous réussissiez. Il existe quatre grands types de compétitions qui dépendent de deux facteurs : la facilité à innover d'une part, et la vitesse à copier le meilleur d'autre part. Il y a :

- Les systèmes spécialisés, dans lesquels l'avantage compétitif durable de l'entreprise la protège des concurrents, en général un marché de niche.
- les systèmes de volumes dans lesquels il est impossible de lutter contre les géants du secteur
- les systèmes fragmentés dans lesquels les enjeux d'innovation sont centraux
- et les systèmes en impasse concurrentielle dans lesquels les clients ont du mal à faire la distinction entre les offres des différents concurrents.

Bien qu'il existe certains types de compétition dans lesquels l'enjeu de la relation avec le client n'est pas essentiel, par exemple dans les systèmes compétitifs spécialisés, la grande majorité des entreprises possède des activités dans des systèmes compétitifs en impasse concurrentielle.

C'est un système qui porte mal son nom, car ce n'est pas une impasse, mais une façon particulière de gérer la relation client. En effet, on trouve dans ces systèmes compétitifs un grand nombre d'entreprises proposant des produits similaires ou équivalents, et dans lesquels, si une des entreprises essaie de se démarquer par des offres innovantes, elle est très rapidement copiable.

Dans ces systèmes compétitifs, les clients n'achètent pas vos produits parce qu'ils sont bien, ils achètent vos produits parce qu'ils vous aiment bien. Il faut donc être agréable et rendre le client heureux quand c'est possible.

Ainsi, à moins de travailler au service client d'une entreprise aux produits uniques au monde et incontournables, le premier rôle du service client est donc d'être agréable avec les clients, et dans la mesure du possible, faire en sorte qu'ils soient plus heureux après l'interaction avec le service qu'avant.

Se faire aimer des clients : la bonne attitude

Se faire aimer des clients est l'élément le plus important pour la création d'un lien fort avec ses clients. Si vous arrivez à vous faire aimer, vos clients seront fidèles et apprécieront les produits ou services que vous vendez. Parfois, cela se fait naturellement, parfois, c'est plus compliqué. Nous allons voir trois règles qui aideront votre service client à créer des liens avec vos clients.

Première règle : souriez. Sourire est indispensable, car il est communicatif ; le sourire attire le sourire. Vous-même êtes probablement plus attiré par des personnes qui sourient que des personnes qui font la tête.

Deuxième règle : cherchez le contact visuel et regardez les gens dans les yeux (ou au milieu des deux sourcils si vous êtes timide). Quand vous parlez à votre interlocuteur, n'ayez pas le regard fuyant.

En parallèle, montrez que vous êtes ouvert : ne croisez pas les bras et ne soupirez jamais.

Troisième règle : utilisez votre position corporelle pour vous mettre dans le bon état d'esprit et dans une attitude dynamique. Ce que vous allez entendre maintenant va peut-être vous paraître étonnant. On sait depuis longtemps que l'humeur peut avoir une influence sur le physique. Par exemple, si vous êtes déprimé, vous allez vous replier sur vous-même et baisser le ton de la voix tout en ayant un regard qui porte vers le bas. Des chercheurs se sont intéressés au rôle que pouvait avoir la position du corps sur l'humeur et sur le fait de se sentir bien ou non. Et pour mesurer cela, ils se sont intéressés à l'impact de la position du corps sur les niveaux des hormones qui contrôlent le stresse et la dominance (ces hormones sont le cortisol et la testostérone). On constate expérimentalement que quand une personne maintient une position physique dite de dominance durant au moins deux minutes, cette personne se sent beaucoup moins stressée et beaucoup plus sûre d'elle : elle verra son cortisol baisser et sa testostérone augmenter. La testostérone est l'hormone qu'on associe à la dominance tandis que le cortisol est associé à la résistance au stress. Que constate-t-on quand on observe les primates : les mâles alphas ont beaucoup de testostérone et peu de cortisol, et les leaders puissants et efficaces ont aussi beaucoup de testostérone et peu de cortisol. Qu'est-ce que cela veut dire ? Quand on pense à l'assurance, on pense à la testostérone parce qu'elle est liée à la dominance. Mais en fait, le cortisol est également important, car il mesure la résistance au stress. Un client stressé veut-il d'un interlocuteur dominant et stressé ou bien au contraire d'un interlocuteur dominant et sûr de lui qui n'est pas stressé du tout ? Probablement un interlocuteur peu stressé qui saura le rassurer. Plusieurs personnes avec un curriculum vitae similaire ont tenu une position alpha ou une position bêta de dominé pendant deux minutes avant un entretien d'embauche très stressant. Cet entretien a été enregistré et montré à des personnes susceptibles d'embaucher, à qui on a demandé quelles personnes elles seraient le plus susceptibles d'embaucher. Les personnes préférées sont celles qui ont tenu des positions alpha, celles qui ont tenu des positions bêta ne sont pas choisies à l'embauche. Mais qu'est-ce qui a conduit à cela ? Ce n'est pas dans le contenu du discours. Tout est dans la présence qu'ils apportent au discours et non pas au discours lui-même. Qu'est-ce qu'une position de dominance ? Pour tester cela, les chercheurs on fait prendre deux types de positions du corps à des cobayes : les positions alpha de dominance, et les positions bêta de dominé. Les positions alpha de dominance correspondent à la posture du corps de quelqu'un très sûr de lui et très en forme : les mains se trouvent de part et d'autre de son corps de façon à découvrir le ventre et le thorax. Cela indique qu'on est sûr de soi. À l'inverse, les positions bêta indiquent la soumission : les bras sont généralement croisés, le dos parfois voûté, un peu comme quand on est assis à consulter son Smartphone. Plusieurs personnes avec un curriculum vitae similaire ont tenu une position alpha ou une position bêta pendant deux minutes avant un entretien d'embauche très stressant. Cet entretien a été enregistré et montré à des personnes susceptibles d'embaucher, à qui on a demandé quelles personnes elles seraient le plus susceptibles d'embaucher. Les personnes préférées sont celles qui ont tenu des positions alpha, celles qui ont tenu des positions bêta ne sont pas choisies à l'embauche. Mais qu'est-ce qui a conduit à cela ? Ce n'est pas dans le contenu du discours. Tout est dans la présence qu'ils apportent au discours et non pas au discours lui-même. Ainsi, la position physique du corps peut tellement modifier les niveaux hormonaux de cortisol et de testostérone que cela va modifier la perception que les gens ont de vous. Quand on travail dans un service client, il faut pouvoir montrer une image sûre de soi et dynamique : vous avez donc tout intérêt à maintenir le plus possible une position alpha tout au long de la journée.

L'empathie

Pour se faire aimer des clients, l'empathie est probablement l'une des compétences les plus importantes pour un service client. Elle vous permet de comprendre ce que ressent un client pour mieux le satisfaire. Malheureusement, il est parfois difficile de ressentir sincèrement de l'empathie, en particulier quand un client se plaint d'un problème que vous trouvez particulièrement facile à résoudre (par exemple, comprendre une notice de montage de meuble), ou facile à supporter (par exemple, l'inversion des robinets d'eau chaude et d'eau froide dans une chambre d'hôtel). Parfois, à cause de vos compétences, un problème complexe pour un client peut vous paraître anodin : si vous êtes au support technique d'une entreprise qui vend des ordinateurs, et que vous avez un profil d'informaticien, il est probable que vous aurez du mal à éprouver de l'empathie pour une personne qui n'arrive pas à paramétrer sa connexion WiFi. Dans le cas où vous n'arrivez pas à la ressentir, n'imaginez pas que de résoudre le problème du client vous exonère de faire preuve d'empathie, ou du moins de donner l'impression que vous ressentez de l'empathie. En effet, il y a une distinction entre empathie et résolution des problèmes concrets de vos clients. Résoudre le ou les problèmes d'un client ne veut pas dire qu'il va se sentir vraiment compris. Comment faire quand vous avez du mal à ressentir d'empathie pour les clients ? La règle la plus importante pour être empathique : « ne faites pas aux autres ce que vous n'aimeriez pas que l'on vous fasse », ce qui peut se traduire par : comportez-vous avec vos clients comme vous voudriez qu'on se comporte avec vous si vous étiez le client. Avec cette seule règle, vous faites déjà la moitié du travail pour vous faire aimer.

1) Acceptez qu'il soit possible d'avoir de l'empathie même pour des personnes qu'on n'apprécie pas. Si vous détestez un de vos collègues, il est probable que vous l'aidiez quand même s'il lui arrivait un accident. Ne faites donc pas de distinction entre les clients qui vous semblent au premier abord sympathiques, et ceux que vous pensez ne pas aimer.

2) Écoutez attentivement ce que vous dit le client et essayez de détecter, à la façon de parler, les sentiments qu'il ressent : peur, nervosité ou stress. Ne le jugez pas sur ce qu'il ressent même si vous n'êtes pas d'accord avec ce qu'il dit et laissez-le s'exprimer.

3) Montrez que vous vous intéressez réellement à ce que dit le client (même si ce n'est pas vrai), en utilisant le langage corporel : regardez le client dans les yeux, penchez-vous légèrement vers lui, acquiescez de la tête et souriez quand le client essaie d'être spirituel ou drôle (même si vous trouvez ses blagues pathétiques).

Si vous ne faites pas cela, c'est-à-dire si vous avez l'air distrait, si vous regardez ailleurs et que vous montrez clairement que ce que dit votre client ne vous intéresse pas, le client ne se sentira pas compris, même si vous résolvez son problème et il aura du mal à vous aimer, et à aimer votre entreprise à travers vous.

Technique du pied dans la bouche

Se faire aimer des clients passe par la création d'un lien personnel. Pour cela, utilisez la technique du pied dans la bouche qui consiste à faire parler le client. En effet, les gens aiment parler d'eux-mêmes. Essayez de vous remémorer une soirée durant laquelle vous avez rencontré quelqu'un de super-sympa que vous avez apprécié. Cette personne a-t-elle tenu un long monologue d'une heure ? Non ! Ces personnes-là sont ennuyeuses. La personne qu'on trouve sympathique est celle qui interroge et pose plein de questions. Si vous arrivez à faire parler les clients de leur vie personnelle avec des questions bien choisies, ils vous aimeront, car ils vous trouveront très sympathique. L'effet du pied dans la bouche a expérimentalement été mesuré par Daniel Howard en 1990 lors d'une vente de cookies au bénéfice d'une association caritative. En proposant aux personnes testées d'acheter un cookie d'entrée de jeu, 10 % des personnes acceptent. Si l'on utilise un pied dans la bouche aussi simple que :

– Comment allez-vous aujourd'hui ?

– Bien

– Ravi que vous alliez bien,

Puis, seulement ensuite, on essaie de vendre un cookie, l'acceptation passe à 25 % !

Le point essentiel est le dialogue entre la personne du service client et le client. Il existe de très nombreuses façons d'entamer un pied dans la bouche avec vos prospects ou vos clients. Parlez de natation aux passionnés de natation, de musique classique aux passionnés de musique classique et, de façon générale, essayez de trouver des points communs personnels avec votre client. Peu importe la suite de la discussion : une sorte de discussion est déjà entamée, et le pied dans la bouche commence déjà à agir : vous n'êtes pas qu'un numéro au service client, vous êtes une personne qui a des sujets de conversation qui peuvent être intéressants.

Le principe de réciprocité

L'homme est avant tout un animal social. Et pour fonctionner, nos comportements ont été sélectionnés pour optimiser la vie en groupe.

Le principe de réciprocité est un comportement profondément ancré dans l'inconscient : il s'agit de la tendance à se sentir obligé de recevoir quelque chose qu'on nous offre, mais aussi de rendre quelque chose en retour. On mène l'expérience suivante : un expérimentateur veut essayer de vendre des billets de tombola et il est avec son cobaye. Ils sont en train de mener, soi-disant, une expérience consistant à juger des œuvres d'art, mais en réalité, le but de l'expérimentateur est de vendre des tickets de tombola. Conditions test : l'expérimentateur s'absente pour une raison quelconque, revient avec un café et dit : « J'ai profité d'aller chercher un café, alors je vous en ai pris un aussi ». L'expérimentateur essaie ensuite de vendre des billets de tombola et, si la personne accepte, lui demande combien elle veut de tickets. Dans les conditions témoins, tout est identique sauf que l'expérimentateur revient sans café. Dans le cas témoin, seules les personnes qui trouvent l'expérimentateur sympathique vont lui acheter un billet. Dans l'autre cas, l'expérimentateur va vendre deux fois plus de billets de tombola. Et là où c'est très intéressant, c'est que les sujets de l'expérience ne trouvent pas l'expérimentateur particulièrement sympathique : ce n'est pas la raison pour laquelle ils achètent. Ils achètent à cause du principe de réciprocité qui nous pousse à donner en retour quand on reçoit quelque chose. Et ce principe de réciprocité est d'autant plus intéressant qu'il est difficile de refuser quelque chose qui est offert. Regardez votre propre comportement dans la rue : quand quelqu'un vous tend un prospectus, cela demande plus d'effort de ne *pas* le prendre que de le prendre. Et vous prenez ce prospectus pour le jeter dans la première poubelle venue, parfois même sans l'avoir lu. Non seulement il est difficile de recevoir, mais il est souvent difficile de ne rien rendre en retour.

Il va falloir utiliser ce principe au service client. J'étais dans une chaîne hôtelière connue à l'étranger, et la climatisation ne fonctionnait pas : il faisait très chaud dans la chambre. En faisant la remarque le lendemain à la réception, ils se sont platement excusés, exactement comme il fallait le faire. J'attendais alors de voir s'ils allaient m'offrir quelque chose pour m'obliger à leur accorder mon pardon inconditionnel en retour. En effet, ce qui est donné en retour n'est pas forcément de l'argent ou quelque chose de physique, cela peut être de la gratitude, de l'attachement ou du pardon. Ne les voyant pas réagir, j'ai décidé de les tester et je leur ai dit : « Avec ce que j'ai souffert, vous m'offrirez peut-être les 3 € de la boisson que j'ai prise dans le minibar ? ». Ce qui s'est alors passé a été assez étrange : au lieu de me répondre, la personne à l'accueil est entrée dans une longue discussion de plusieurs minutes avec sa responsable dans une langue qui m'est inconnue, mais j'ai compris que la question portait sur « faut-il ou pas lui offrir la boisson à 3 € ? Finalement, la personne n'a même pas répondu à ma question, et sans aucun autre commentaire, a facturé les 3 €. C'est dommage, car cela montre deux choses :

1) la discussion prouve qu'il n'y a pas de procédure mise en place en cas d'insatisfaction, même minime, des clients.

2) l'hôtel avec l'opportunité d'offrir les 3 € et obtenir en retour, grâce au principe de réciprocité, le pardon inconditionnel et l'attachement à la marque. Or, en refusant 3 € malgré la prestation hôtelière moins qualitative qu'attendu, et donc décevante, il sera plus facile de se détourner de cette chaîne hôtelière pour des hôtels concurrents.

Offrir quelque chose à ses clients n'a pas pour objectif de leur faire plaisir : cela a pour objectif de gagner plus d'argent à long terme, car offrir c'est recevoir en retour, et souvent, c'est recevoir en retour plus que ce qu'on a donné, en particulier quand ce qui est offert semble l'avoir été de façon improvisée et non pas comme une démarche marketing prévue pour obtenir quelque chose en retour.

L'emploi du prénom et du nom durant une discussion

Quels sont les mails les plus ouverts ? Ceux qui contiennent votre prénom ou votre nom dans l'objet. Qui nous semble sympathique : celui qui nous appelle par notre prénom ou par notre nom ou celui qui nous donne du « Monsieur » ? Quand vous entendez crier votre prénom dans la rue, ne vous retournez-vous pas ? C'est en 1936 que Dale Carnegie, un écrivain et conférencier américain publie le livre « comment se faire des amis », et déjà, la capacité à se rappeler du prénom ou du nom d'une personne ressort comme un élément essentiel pour se faire apprécier. Vous êtes comme moi quelqu'un qui a du mal à mémoriser les noms ? Aucune excuse : en fait, tout le monde a du mal avec les noms et prénoms. Chaque fois que vous le pouvez, cherchez une astuce pour savoir à qui vous vous adressez : dans un hôtel, repérez le numéro de la clé pour jeter un œil sur le nom du client, sur une plateforme téléphonique, regardez le nom en fonction du numéro client ou du numéro de la commande. Et ensuite, n'hésitez pas à l'utiliser. En fonction du pays francophone, les règles du vouvoiement ou du tutoiement peuvent être très différentes, et selon les pays, les clients attendent plutôt que vous les appeliez par leur prénom que par leur nom. Dans ce cas, remplacez « Monsieur Dupont » par le prénom du client. Cet effort supplémentaire que vous aurez à vous imposer, en utilisant le prénom ou le nom de famille d'un client, peut faire la différence en vous démarquant de la concurrence.

Faire des compliments

L'idée que quelqu'un nous apprécie permet de se faire apprécier en retour. De nombreuses expériences citées par le psychologue Robert Cialdini en attestent. L'expérience suivante a été faite : des personnes écoutent des jugements émis sur elles de la part de quelqu'un qui a quelque chose à leur demander et pour laquelle elles savent que ce quelqu'un est demandeur. Certaines personnes reçoivent un jugement positif, d'autres, un jugement négatif. Résultat : la personne qui fait des compliments est mieux appréciée même si la personne testée sait que le flatteur a intérêt à se rendre sympathique. Ainsi, des louanges et des compliments **même infondés** ont le même effet que des compliments basés sur des éléments réels même quand la personne complimentée le sait.

C'est sur ce principe que certaines vendeuses vont complimenter une cliente pendant qu'elle essaie une robe un peu trop moulante, ou des chaussures un peu trop serrées : cela peut déclencher un achat. De la même façon, au service client, n'hésitez pas à complimenter vos clients quand vous voyez quelque chose de positif. Par exemple, un client attend depuis longtemps avec patience pendant que vous finissez avec d'autres clients :

– Monsieur Dupont, je suis enfin à vous. Merci beaucoup pour votre patience ; beaucoup d'autres clients auraient commencé à s'énerver alors que je ne peux pas faire autrement de toute façon, parce que je suis seul.

Cela ne veut pas dire qu'il faut flatter et complimenter tout le temps tout le monde, cela veut dire que quand honnêtement vous voyez quelque chose que vous estimez positif chez votre client, n'hésitez jamais à le lui dire. Retenez que les commentaires positifs suscitent la sympathie envers le flatteur indépendamment de leur sincérité.

Ne pas critiquer

Si les compliments permettent de se faire apprécier indépendamment de leur sincérité, les critiques, même sincères, non agressives et constructives ont un effet négatif. Une de mes voisines, acheteuse compulsive et héritière, avait l'habitude de dépenser quelques milliers d'euros par mois dans un magasin d'habit pour enfant, une somme suffisamment importante pour que toutes les vendeuses et la gérante arrêtent leur activité en cours pour dérouler le tapis rouge quand elle entre dans le magasin. Un jour, ma voisine est allée faire ses courses avec une de ses amies, très grande (plus d'1m85). Une vendeuse a juste fait une remarque :

– Tiens, qu'est-ce que vous êtes grande !

Et ma voisine a pris de travers la remarque faite à son amie et n'est plus jamais revenue dans le magasin. Pourquoi ? Car son amie lui avait expliqué à quel point les femmes grandes étaient maltraitées, en particulier par les femmes plus petites : elle a donc réagi violemment à une phrase qui était finalement assez anodine et ne la concernait pas directement. Les critiques ou les remarques qui ne sont pas clairement positives peuvent être interprétées différemment selon les contextes, et les critiques que vous pouvez faire, même anodines de votre point de vue, peuvent être prises très négativement, qu'elle vise directement votre client ou une personne de son entourage. Ne prenez pas le risque de perdre des clients bêtement : ils ne sont pas vos amis, ils sont vos clients. Vous devez les traiter comme des amis pour les choses positives que vous pouvez leur dire, et les traiter comme des clients inconnus pour ce que vous auriez envie de commenter de négatif.

Se faire aimer des clients dans une relation écrite

Dans une relation en face à face, il est relativement facile de créer un lien personnel avec un client pour se faire apprécier. Par contre, c'est beaucoup plus difficile à distance et plus particulièrement quand les échanges se font par mail, par chat ou par SMS. En effet, les clients ne peuvent pas voir votre langage corporel positif et ils ne peuvent pas entendre l'intonation et le dynamisme de votre voix. Souvent, ils ne font que parcourir le message parce qu'ils sont pressés. Cela va d'ailleurs créer des incompréhensions, car les clients ont rarement la patience de lire la totalité des messages qui leur sont envoyés s'il dépasse cinq lignes et deux ou trois idées. Pour se faire apprécier lors d'échanges écrits, cinq règles sont à respecter :

1) Utilisez un message d'accueil personnalisé pour donner à votre message un ton plus convivial : en fonction du pays francophone dans lequel vous travaillez, conformez-vous aux usages : utilisez le prénom du client, son nom ou la combinaison des deux. Vous pouvez donc écrire :

Cher Philippe,

ou

Cher Monsieur Massol,

ou encore

Cher Philippe,

Personnellement, j'aime bien utiliser le prénom sauf si je ne connais pas du tout la personne.

2) Écrivez sans erreur de grammaire ni d'orthographe.   Et même si l'échange se fait par Chat. Les fautes d'orthographe et de grammaire diminuent la crédibilité de votre entreprise à cause du phénomène de perméabilité de la valeur. La perméabilité de la valeur dit que la valeur globale perçue par un client ne peut pas faire de distinction entre le produit principal vendu (par exemple un ordinateur), et l'environnement dans lequel se fait l'expérience client : et cela inclut la façon de s'exprimer, d'écrire, de se comporter, etc.

3) Allez droit au but dans le premier paragraphe.   En effet, les clients n'ont pas la patience de lire plus de cinq lignes et ils vont passer le texte en diagonale avec une forte probabilité de rater les informations qui se trouvent au milieu du mail. Les informations les plus importantes doivent se trouver de préférence dans les deux premières lignes, éventuellement dans les deux dernières lignes, mais pas au milieu.

4) Méfiez-vous des modèles de mail. Ces mails ou portions de mails prérédigés ont été créés pour vous permettre de travailler plus vite.

Malheureusement ils sont aussi à l'origine de beaucoup d'erreur : ne les relisant pas, le service client envoie des réponses inadaptées. Cela ne veut pas dire qu'il ne faut pas avoir de modèles, mais il faut relire le mail avant de l'envoyer. Vous seriez étonné du nombre d'erreurs qui se glissent dans les mails de certains employés quand ils les utilisent massivement. L'erreur la plus courante est d'oublier de personnaliser le modèle.

5) N'envoyez que des informations utiles. Dans le premier paragraphe, répondez exactement à la demande du client, puis essayez d'anticiper les questions suivantes en vous basant sur l'expérience que vous avez déjà de vos clients. Cela vous évitera d'avoir de nouveaux mails de demande d'information complémentaire.

Rappelez-vous que les échanges écrits avec vos clients enregistrent les plus mauvais scores de satisfaction : 4 sur 20 pour le courriel, avec seulement 30 % des courriels dont les réponses sont jugées satisfaisantes pour résoudre les problèmes d'après les clients.

Voilà l'exemple d'un texte qui pourrait être amélioré :

Objet : Nous avons besoin de plus d'information.

Mail : Pour répondre à votre demande, nous avons besoin de plus d'information. Répondez à ce mail avec les informations requises listées ci-dessous et nous reviendrons vers vous le plus vite possible. Le service client :

Bonjour Philippe,

Merci pour votre mail. Je suis heureux de pouvoir vous aider. Il semble que votre version du logiciel ne soit pas compatible et c'est pour cela que le site ne marche pas. Pourriez-vous vérifier votre version ? N'hésitez pas à me contacter à tel numéro de téléphone ou répondre à ce mail en n'oubliant pas d'indiquer dans l'objet le numéro à six chiffres de votre dossier qui vous a été transmis dans le premier mail suite à votre demande d'aide technique.

Cordialement,

Jean du service client.

Jean indique qu'il veut aider, mais non seulement il n'aide pas, mais il demande au client de vérifier la version du logiciel. Or un client qui n'a pas forcément les compétences techniques pour cela aura du mal à le faire. Par ailleurs, le début du mail est peu accueillant, car très peu personnalisé. Voici une possibilité d'amélioration du mail en question :

Objet : Philippe, nous allons pouvoir vous aider

Mail : Bonjour Philippe,

J'ai reçu la vidéo que vous m'avez envoyée et le problème est clair : il semble que la version de votre logiciel est la version 3.2 qui n'est pas compatible. Pourriez-vous télécharger la nouvelle version 3.4 depuis votre compte sur le lien

http://entreprise.com/lienprécis.html

Nous pourrons alors effectuer de nouveaux tests pour voir si la mise à jour du logiciel résout tous les problèmes. Pourriez-vous nous envoyer la dernière version 3.4 du logiciel par mail pour que nous puissions résoudre le problème ?

N'oubliez pas de joindre votre numéro de dossier CM169 dans l'objet de toute correspondance.

Merci de votre confiance,

Jean

Dans cette deuxième version, le mail est plus court, il est plus précis, plus concret et plus personnalisé. Par ailleurs, il demande un minimum d'effort au client et répète deux fois l'information importante pour que le client comprenne bien qu'il doit envoyer un logiciel mis à jour par mail.

En conclusion, soyez vigilants aux échanges écrits avec vos clients, le taux de satisfaction est terriblement bas et si vous arrivez à améliorer la qualité au-dessus de la médiocre moyenne actuelle, vous pourriez faire la différence avec votre concurrence.

DÉMARCHE POUR RÉSOUDRE LES PROBLÈMES

Écoutez pour gagner du temps

Quand les clients vous contactent avec une demande claire ou un problème clair, c'est plutôt facile. Mais parfois, les clients ne savent pas exactement ce qu'ils veulent ni ce dont ils ont besoin, ils vous racontent des histoires sans queue ni tête, et se plaignent de certaines choses tout en demandant des choses sans rapport.

Vous allez devoir les écouter attentivement pour faire le tri dans toutes ces informations parfois contradictoires. Si vous êtes en face à face, regardez le client dans les yeux et ne le lâchez plus du regard tant qu'il n'a pas fini son histoire. Ne l'interrompez pas, puis posez autant de questions de clarification que nécessaire pour comprendre d'où vient exactement son problème. Comme le client est confus, reformulez toute l'information que vous jugez utile pour faire valider au client que vous avez bien compris. Au téléphone, suivez les mêmes règles qu'en face à face (sauf bien sûr de regarder le client).

L'écoute active et la reformulation peuvent paraître une perte de temps, mais cela vous permettra au contraire de gagner du temps parce que vous ne répondrez pas à côté de la demande et parce que vous pourrez régler le problème en une seule fois. Ralentir, vous permettra donc de gagner du temps, car vous prenez le temps de savoir ce qui est vraiment important.

Mais soyons honnêtes, la plupart du temps, les raisons des appels risquent d'être similaires : vous allez toujours avoir plus ou moins les mêmes remarques ou les mêmes questions. Considérez donc chaque interaction avec un client comme une source d'information utile pour améliorer vos réponses aux autres clients. Par ailleurs, tous les clients mécontents ne vont pas se plaindre, ils représentent même la minorité. Cela veut dire qu'un client qui se plaint ou qui ne comprend pas quelque chose est représentatif de très nombreux clients qui n'ont pas voulu appeler. Pour chaque nouveau problème détecté, créez une procédure précise qui sera suivie par tous vos employés. Quelle que soit cette procédure, elle devra une phase d'écoute, une phase de résolution du problème et une phase de fin d'interaction avec le client. En revanche, même si vous avez compris dès les premières secondes ce qui ne va pas et que vous avez très envie de tout de suite apporter une solution, retenez-vous. Le client veut certes une solution, mais il veut aussi qu'on l'écoute. Vous devez donc absolument montrer de l'empathie pour le client, c'est-à-dire lui faire sentir que non seulement vous le comprenez son problème, mais aussi que vous comprenez ce qu'il ressent. Et pour être capable de cela, il faut *écouter* le client. La phase d'écoute va se décomposer en plusieurs étapes :

La première étape : Présentez-vous en donnant votre prénom et votre nom de famille. Cela va avoir un impact positif, car cela va personnaliser l'interaction avec le client. Le client ne parle pas avec un numéro, mais avec une personne bien identifiée, pas juste un pion. Cela rendra le client plus tolérant aux erreurs.

La deuxième étape consiste à écouter le client sans l'interrompre. Taisez-vous et laissez-le aller jusqu'au bout. Il faut qu'il se sente écouté même si vous savez déjà depuis le tout début ce que vous allez lui dire. Si vous interrompez le client, ou si vous essayez de terminer ses phrases, il risque de se vexer et risque de reprendre toute son explication depuis le début, car vous lui avez fait perdre le fil de son histoire. Si vous pensez que le client n'a pas encore fini son histoire, vous pouvez même l'encourager à continuer. Prenez des notes sur le logiciel de gestion de la relation client si votre entreprise est équipée, cela permettra de faciliter le suivi de la relation client si celui-ci devait revenir ou rappeler votre service client.

La troisième étape consiste à faire preuve d'empathie. Montrez que vous comprenez ses sentiments en reprenant ses propres mots. Durant cette phase, ne reportez pas la responsabilité sur quelqu'un d'autre. Gardez en tête que cette phase a pour but de rassurer le client en lui montrant que vous compatissez et que vous allez faire quelque chose pour lui.

Comprenez bien le problème du client

Résoudre les problèmes des clients est la raison d'être du service client. Vous avez écouté, vous avez compati, mais si vous n'êtes pas sûr d'avoir compris, car il vous manque des informations, vous allez devoir poser des questions pour recueillir toutes les informations nécessaires pour répondre au problème du client. Que faire lors de cette étape dite de questionnement ? Sur la forme : il est toujours nécessaire de demander la permission aux clients de leur demander des informations. En effet, le respect de la vie privée est devenu un sujet de plus en plus sensible. Dans tous les cas, essayez d'éviter les questions personnelles qui n'ont pas d'intérêt pour la résolution du problème, et sinon expliquer pourquoi. Utilisez par exemple la formule suivante : « Pour vous aider, est-ce que je peux vous poser quelques questions ? Certaines pourront vous sembler personnelles, c'est pourquoi n'hésitez pas à me le faire savoir. Une fois l'autorisation de poser les questions obtenue, vous avez trois types de questions possibles à poser à vos clients difficiles.

Le premier type de questions a pour objectif de laisser le client s'exprimer librement : ce sont les questions ouvertes. Elles permettent d'identifier les attentes de vos clients et de bien comprendre leur mécontentement. En général ces questions commencent par l'un des mots suivants :

- Qui (a eu le problème)… ?
- Quel (type de problème)… ?
- Comment (cela s'est passé)… ?
- Combien (de fois le problème a été rencontré)… ?
- Pourquoi (le problème est-il survenu)… ?

Le deuxième type de questions a pour objectif de limiter les échanges avec le client et de gagner du temps : il s'agit des questions fermées. Vous allez pouvoir recentrer la conversation avec une ou des questions pour lesquelles la réponse ne peut être que OUI ou NON. C'est très pratique pour gérer les clients très bavards.

Le troisième type de question a pour but de pousser le client à faire un choix sans le presser : il s'agit des questions alternatives. Ces questions permettent de faire avancer le dossier plus rapidement. Pour valider que vous avez bien compris son problème, la façon la plus simple de procéder est de reformuler le problème en commençant votre phrase avec : « Si j'ai bien compris… ». Le but de cette phase est d'éviter de perdre du temps à résoudre un problème qui n'est pas celui que le client a vraiment.

Une fois que vous avez bien compris le problème, il va falloir faire preuve d'empathie. Si le client est venu vous voir, c'est qu'il est ennuyé et embêté. Il perd d'ailleurs du temps à vous parler. Vous devez donc compatir et vous excuser au nom de l'entreprise, et cela, indépendamment de l'importance que vous accordez à son problème, et indépendamment du fait que l'entreprise soit réellement responsable ou pas. Il faut que le client voit qu'on reconnaît son problème ou son mécontentement. Votre but n'est pas d'avoir raison, mais d'avoir un client satisfait et qui se sent écouté. Faites par contre bien attention de ne pas être condescendant.

Maintenant que vous avez bien compris le problème de votre client, il va falloir s'excuser. Mais ne vous excusez pas de façon à ce que le client ait l'impression de se faire humilier, et ne vous excusez que pour ce qu'a fait (ou n'a pas fait) votre entreprise, pas pour le ressenti qu'a le client sur une situation.

Savoir présenter ses excuses

Répondre aux sollicitations des clients à longueur de journée peut être psychologiquement éprouvant, car vous êtes souvent confrontés à des personnes mécontentes. Comment gérer cette difficulté ? Vous allez devoir à la fois faire preuve d'humilité, vous protéger psychologiquement. Voyons ces deux points dans l'ordre.

Premièrement, oubliez votre ego et excusez-vous. Quand on dit que le Client a toujours raison, cela ne veut pas dire qu'il a factuellement raison, et cela ne veut pas dire que le problème à résoudre est important : cela veut dire que le client juge le problème important. Votre rôle n'est pas de discuter de la justesse ou non de sa demande, votre rôle est de satisfaire votre client et de reconnaître ce qu'il estime être un problème. Vous allez donc parfois devoir vous excuser pour quelque chose que vous jugez peut-être complètement sans importance. Par exemple, si vous travaillez dans un hôtel et que le client se plaint que les robinets d'eau chaude et d'eau froide sont inversés, vous pouvez estimer que cela n'a aucune importance, mais il faudra quand même vous excuser de la gêne que cela a pu lui occasionner. Votre but n'est pas d'avoir raison, mais d'avoir un client satisfait. Dans une situation comme celle que je viens de décrire, le client veut probablement juste que quelqu'un l'écoute, il ne veut probablement pas qu'on change les robinets ! Faites en revanche bien attention de ne pas être condescendant. Ne vous excusez pas de façon à ce que le client ait l'impression de se faire humilier. En revanche, si c'est votre entreprise qui a tort, pensez à réparer votre erreur par un geste commercial, un cadeau ou toute autre chose qui viendra compenser l'erreur faite par votre entreprise.

Deuxièmement, pensez à vous protéger psychologiquement : ne prenez pas les plaintes personnellement. Aucune des remarques ou critiques d'un client qui vous sont faites ne vous concerne en fait directement, c'est l'entreprise qui est visée. Même si le client vous rudoie personnellement, cela n'a rien à voir avec vous. Mettez de côté votre fierté même si vous pouvez prouver que le client a tort, et essayez de la satisfaire au mieux. Ne prenez jamais personnellement les remarques qui vous sont faites, car elles sont en fait adressées à votre entreprise et c'est donc au nom du collectif « entreprise » que vous répondez. N'hésitez pas à vous excuser, mais seulement pour ce que fait mal votre entreprise. Voir les choses de cette façon vous permettra de supporter plus facilement des clients parfois difficiles.

Trouvez une solution définitive ou utilisez le mot « parce que »

Au tout début de l'interaction avec le client, vous vous êtes excusé au nom de l'entreprise pour la gêne occasionnée. Il va maintenant falloir trouver une solution au problème de votre client. Et si pour vous c'est une situation habituelle, pour le client il s'agit d'une situation inhabituelle, et plutôt désagréable. Il ne sait pas encore si l'on pourra régler son problème ou lui rendre service et cela peu le stresser. La façon dont vous allez trouver une solution pour votre client va durablement influencer la perception qu'il se fait de votre entreprise.

Première règle : la règle la plus importante pour la résolution du problème est de *résoudre définitivement* le problème de votre client dès la *première* interaction, et cela, même si vous devez passer un peu plus de temps, parce qu'au final, vous allez y gagner. De votre point de vue comme du sien : le client n'a pas besoin de revenir ou de rappeler, il n'a pas besoin de raconter de nouveau toute son histoire, il n'a pas besoin de stresser aussi longtemps que si cela se fait en plusieurs temps. Tout ce temps économisé est également une économie d'argent, car d'autres personnes du service client n'auront pas besoin d'interagir avec ce client. Notez que vous devez faire valider la solution au client avant de la mettre en pratique. Dites-lui :

– Je vous propose de réinitialiser votre ligne téléphonique : mais vous ne pourrez plus appeler pendant deux heures, par contre, après cela, vous aurez de nouveau accès à internet. Cela vous convient-il ?

Deuxième règle : ne faites *jamais* une proposition que vous ne pouvez pas tenir, car la frustration sera encore plus forte qu'avant l'interaction avec le service client. Ne pas tenir ses promesses est le meilleur moyen de créer un client très mécontent, et si vous avez un doute sur la capacité de votre entreprise à résoudre un problème, dites à votre client que vous allez en parler à votre supérieur hiérarchique. Ne promettez que ce dont vous êtes sûr à 100 %. Si c'est possible, dites à votre client dans quel délai vous aurez la réponse définitive et soyez très précis, donnez des informations quantifiables. Par exemple : « J'aurai la réponse pour vendredi 10 h 30, est-ce que cela vous convient ? ». Dans le cas où vous ne pouvez vraiment rien faire pour le client, dites-le-lui. Proposez au moins une résolution partielle, en attendant de résoudre définitivement le problème. Par exemple, si votre technicien ne peut pas réparer la machine à laver de votre client sur place, vous pouvez dire : « La réparation est plus complexe que prévu PARCE QU'elle nécessite qu'on amène la machine à l'atelier, nous pouvons vous proposer de vous prêter une machine à laver en attendant de réparer la vôtre ». L'un des mots les plus importants dans cette formule l'élément le plus important de la phrase est le mot « parce que ». Vous allez voir pourquoi le mot « parce que » est aussi important : on est aux États Unis et l'expérience suivante est menée : une femme attend pour faire des photocopies dans une file d'attente. Elle double tout le monde est dit « excusez-moi de vous déranger est-ce que je peux passer devant vous ? 64 % environ des personnes la laissent passer devant. Deuxième condition expérimentale, elle passe devant tout le monde est dit « excusez-mois, est-ce que je peux passer devant vous parce que je suis en retard pour mon travail et je risque d'avoir des problèmes ? Dans ce cas 94 % des personnes la laissent passer. Plus intéressant, la troisième condition expérimentale : Elle passe devant tout le monde et dit « excusez-moi de vous déranger, est-ce que je peux passer devant vous, car j'ai des photocopies à faire ? Et là, 93 % des personnes la laissent passer devant, bien que la raison soit idiote. Il a été montré que les gens acceptent une idée parce qu'il y une explication, peu importante qu'elle soit vraiment bonne ou non, mais à condition qu'il y ait le mot « parce que » qui précède l'explication.

Faites donc toujours précéder votre argumentation du mot « parce que » pour plus facilement convaincre que vous ne pouvez vraiment rien faire pour votre client. Il y a plus de chances qu'il ne vous en veuille pas. En effet, il est indispensable de donner une explication parce qu'il a été montré expérimentalement que la présence d'une explication introduite par le mot « parce que » a plus d'importance que l'explication elle-même. Il faut juste « une » explication précédée du mot « parce que ».

En conclusion, ne faites jamais de promesses que vous n'êtes pas sûr de tenir et essayez de résoudre le problème de votre client dès la première interaction, quitte à devoir prendre plus de temps que le temps standard envisagé pour ce type de problème : cela fera gagner du temps à tout le monde et le client aura une meilleure image de votre entreprise.

Laissez le client finir sur une note positive

Une fois que vous avez résolu le problème d'un client, vous ne pouvez pas juste l'ignorer, lui tourner le dos pour faire autre chose ou lui raccrocher au nez. Comme il se rappellera la dernière chose que vous lui avez dite, vous devez terminer sur une note positive. Vous allez donc vous excuser une dernière fois et vous allez terminer l'entretien en lui demandant si vous avez bien répondu à sa demande, d'autant que si ce n'est pas le cas, votre client sera encore plus insatisfait qu'en arrivant. Utilisez toujours la question : « *Encore désolé pour le désagrément que vous avez subi. Est-ce que j'ai répondu à votre demande de façon satisfaisante et est-ce que je peux faire quelque chose d'autre pour vous ?* ».

Si vous n'avez pas trouvé de solution pour résoudre le problème de votre client, remerciez-le pour sa patience et promettez-lui que vous ferez en sorte que tout se passe bien la prochaine. Vous pouvez par exemple dire : « Je vous remercie pour votre patience et je suis désolé de ne pas avoir pu trouver une solution à votre problème. Si jamais vous deviez avoir à nous contacter de nouveau, n'hésitez pas à demander à me parler directement, demandez Philippe Massol, et je ferai de mon mieux pour que tout se passe bien ». Après une phrase de ce type, on espère que client repartira au minimum avec cette pensée : « ils n'ont pas réussi à résoudre mon problème, mais au moins le gars au service client était gentil et compréhensif ». De plus, cela montre au client qu'il peut au moins compter sur un opérateur sympathique bien identifié pour l'aider dans le futur si cela était nécessaire. Enfin, très important, c'est toujours le client qui décide quand se fera la fin de l'interaction. C'est lui qui doit décider s'il a encore des demandes ou des questions. Si vous êtes en face à face, vous devez continuer à regarder le client en face tant qu'il ne s'est pas lui-même retourné pour partir. Si vous êtes au téléphone, vous devez toujours raccrocher en dernier.

En résumé, une fois le problème du client résolu :

- demandez si vous pouvez faire quelque chose d'autre
- essayez d'établir un lien direct en lui donnant au moins votre prénom
- enfin, laissez le client décider de lui-même quand se fera la fin de l'interaction : c'est à lui de partir ou de raccrocher.

Surtout, ne gâchez pas vos efforts en terminant sur une note négative qui laisserait un mauvais souvenir au client !

Que faire quand les clients ne lisent pas les modes d'emploi ou les indications

Vous devez parfois résoudre un faux problème comme lorsqu'un client vous appelle, car il ne comprend pas comment marche votre produit, et vous découvrez qu'il n'a même pas essayé de lire le mode d'emploi « démarrage rapide ». Pourquoi donc les gens ne lisent-ils pas les modes d'emploi ?

Première raison, la paresse. En effet, c'est plus facile d'aller sur YouTube pour trouver un tutoriel. Si c'est le cas de votre client et que votre entreprise n'a pas prévu de tutoriel vidéo, il faut espérer qu'un utilisateur de vos produits s'est dévoué et en a fait un à votre place ; et il faut espérer que le tutoriel soit facile à comprendre. Astuce : quand vous avez des clients qui vous appellent sans avoir lu les modes d'emploi, créez des tutoriels vidéo pour tous les produits que vous vendez. Sinon, ayez bien sous la main un mode d'emploi pour chaque produit que vous vendez.

Deuxième raison : soyons honnêtes, les modes d'emploi sont globalement mal écrits, voire même parfois incompréhensibles. Si c'est le cas des modes d'emploi de votre entreprise, ce n'est malheureusement pas de votre responsabilité et vous n'allez pas pouvoir les changer. Si vos modes d'emploi sont bien écrits, de votre point de vue, c'est peut-être juste que certains clients ne sont pas des experts, loin de là et tout leur paraît compliqué. Il va donc falloir vous munir de patience. Votre rôle n'est pas de remplacer le mode d'emploi, mais vous allez devoir quand même aider votre client à utiliser votre produit. Connaissez donc bien les instructions de base de tous vos produits, ou ayez le mode d'emploi « démarrage rapide sous la main ».

Pour expliquer les premières étapes des procédures à suivre, suivez tous les conseils que je vous ai présentés dans la partie « soyez clairs dans votre communication », mais vous allez devoir faire quelque chose de plus :

1) Parler plus lentement que d'habitude et répéter chaque instruction plusieurs fois.

2) Avant de passer à l'instruction suivante, validez que le client a bien effectué l'étape que vous venez de décrire.

Parfois, les clients utilisent un service sans savoir ce que ça va leur coûter. Et une fois face à la facture, ils sont furieux ou déçus parce qu'un geste qu'ils pensaient sympathique se révèle comme un piège pour soutirer un maximum d'argent. Comme la déception laisse plus de traces dans l'esprit du client que les points positifs, vous devez être clair sur ce que vous proposez : vous devez être clair sur les points positifs pour le client, mais aussi sur les points négatifs et notamment le coût.

N'oubliez pas d'être clairs dans la rédaction de vos modes d'emploi, créez des tutoriels et faites-en sorte que vos clients sachent à l'avance les avantages comme les inconvénients d'utiliser vos produits, cela leur évitera des déceptions, et cela vous évitera de devoir gérer cela. Si votre entreprise décide de ne pas faire d'effort et ne crée pas des modes d'emploi clairs, ne propose pas de tutoriels vidéo : il va falloir souffrir au silence, c'est à vous de gérer ces lacunes de votre entreprise, car les clients insatisfaits ne manqueront pas d'appeler.

4

TRAITEZ AVEC DES CLIENTS DIFFICILES OU MÉCONTENTS

IL FAUT RÉSOUDRE LES PROBLÈMES DES CLIENTS MÉCONTENTS

Pourquoi certains clients sont mécontents et difficiles ?

Si votre entreprise a un service client, ce service répond forcément à des clients mécontents ou des clients difficiles. Parfois, cela peut même dégénérer au conflit. Or, une entreprise à tout à perdre dans la confrontation avec ses clients. Alors, comment gérer les clients difficiles ? Comment gérer les conflits ? Les clients attendent toujours qu'on soit réactif et disponible. C'est important, car vos clients n'hésiteront par à partir à la concurrence si le service client ne répond pas à leur demande. Mais pourquoi les clients sont-ils si difficiles ? Sont-ils juste sadiques ou bien en êtes-vous responsable ? Certes, il y a des mauvais caractères, mais aucun client ne vous appelle par plaisir de vous faire perdre du temps. D'abord, par ce que cela lui ferait lui-même perdre du temps, et vos clients détestent perdre leur temps. Ils vous appellent donc par ce qu'ils sont obligés. Et c'est là que vous comprenez pourquoi les clients n'appellent jamais pour faire des compliments : ce serait de la perte de temps. Ils n'appellent que pour se plaindre, car ils espèrent que ce ne sera pas du temps perdu. Ils estiment qu'ils ont été lésés. Et c'est la raison d'être d'un service client : aider les clients à résoudre leurs problèmes.

Par ailleurs, soyons clairs : si le client n'avait pas été déçu, il n'aurait pas appelé. Peu importe la réalité, chaque employé du service client doit considérer que l'entreprise est responsable de la frustration du client... et faire attention que le problème du client ne devienne pas l'employé lui-même, par un comportement inadéquat.

Pourquoi se démener pour des clients mécontents et difficiles ?

Peu importe que votre client soit mécontent de vos produits ou de vos services, à tort ou à raison, vous devez être capable de répondre à sa ou ses demandes. En effet, un client satisfait parle d'une relation réussie avec une entreprise à trois personnes autour de lui (et parfois jamais !) tandis qu'un client mécontent en parlera à onze. Peut-être même plus : il y a quelques années, j'ai acheté un ordinateur portable dans une boutique ayant pignon sur rue plutôt que sur internet. En revenant chez moi, le jour même, je me suis aperçu que le chargeur ne fonctionnait pas. En retournant dans la boutique, je me suis vu opposer une fin de non-recevoir : « j'avais acheté de produit, ce n'était plus leur problème, il fallait que je m'adresse au service client de la marque ». Cela fait plus de dix ans que, quand je donne des cours de stratégie devant des dizaines de participants, je donne cet exemple comme ce qu'il ne faut pas faire et je donne le nom et l'adresse de la boutique dans ma ville. C'est donc des centaines, voir des milliers, de personnes que j'ai essayé de dissuader d'aller dans cette boutique.

Les clients les plus mécontents sont aussi ceux qui pourraient être vos plus grands admirateurs. En effet, s'ils sont très mécontents et que vous résolvez leur problème, et que vous le faites en leur donnant plus en retour qu'ils n'attendent, vous devenez un héros.

On dit que c'est dans les problèmes qu'on reconnaît ses amis : c'est aussi dans les problèmes qu'on sait sur quelle entreprise on pourra compter dans le futur. Par exemple, j'achète beaucoup sur Amazon. Pourquoi ? Parce que, quand cela ne se passe PAS bien, Amazon trouve une solution qui me convient tout à fait, et sans me demander de faire trop d'effort. Par conséquent, j'avoue qu'à chaque fois que quelqu'un critique Amazon, j'ai du mal à ne pas en prendre la défense.

Résoudre les problèmes des clients mécontents, ce n'est pas seulement se débarrasser d'un problème gênant, c'est aussi se construire une réputation positive pour le futur.

GÉRER LES CLIENTS DIFFICILES

Gérez vos émotions

Gérer les clients difficiles fait partie du travail du service client. C'est une situation normale. Toutefois, il est possible de se sentir personnellement affecté et parfois vexé quand on discute avec un client mécontent. Il existe en fait une règle absolue quand on est en première ligne face aux clients, une **règle absolue** : ne jamais prendre les remarques et plaintes personnellement. Ce qui se passe n'a rien à voir avec vous en tant que personne, mais vous en tant que représentant d'une entreprise. Pourtant, sachez que les clients vont se comporter avec vous comme si vous étiez la personne fautive de leur problème. Si vous réagissez à chaque remarque comme une attaque personnelle, vous risquez d'entrer en conflit avec les clients régulièrement. C'est pourquoi, même si un client vous insulte, sachez que ce n'est pas vous qu'il insulte, mais l'entité juridique « entreprise ». Et, honnêtement, insulter une entité juridique, ce n'est pas bien grave. Vous devez faire preuve d'humilité face au client, qu'il ait tort ou raison. Et n'essayez surtout pas d'avoir raison *contre* le client, c'est contre-productif. Par exemple, si le client vous dit que le mode d'emploi est incompréhensible alors que vous pensez que le mode d'emploi est limpide, ne dites pas : « Peut-être que vous ne comprenez rien au mode d'emploi, mais il est parfaitement clair, la preuve, tout le monde le comprend sauf vous ». Préférez plutôt : « Nous avons fait de notre mieux pour que le mode d'emploi soit facile à comprendre, mais il nous faudra apparemment l'améliorer. Est-ce que je peux vous expliquer quelque chose que vous n'avez pas compris ? ». La première chose qu'attend un client est de la compréhension. C'est pourquoi la phrase qui fonctionne généralement bien, quelle que soit l'insatisfaction d'un client est : « Je vous comprends, moi aussi je serais mécontent à votre place ».

Dans tous les cas, restez calme. Pour vous aider, vous pouvez imaginer que d'autres personnes observent votre interaction. Parfois d'ailleurs c'est le cas, par exemple si vous êtes à un guichet ou à l'accueil d'un hôtel. En imaginant un public qui écoute la conversation, cela vous oblige à tenir un discours que vous n'auriez pas honte de défendre face à votre chef ou face à votre famille.

Protégez-vous psychologiquement en gardant en tête qu'aucun client ne vous parle personnellement, mais parle à l'entreprise.

Assumez la responsabilité de votre entreprise, mais protégez-vous psychologiquement

Répondre à des sollicitations des clients à longueur de journée peut être psychologiquement éprouvant, car vous êtes souvent confrontés à des personnes mécontentes.

Premièrement, oubliez votre ego et excusez-vous. Quand on dit que le Client a toujours raison, cela ne veut pas dire qu'il a factuellement raison, et cela ne veut pas dire que le problème à résoudre est important : cela veut dire que le client juge le problème important. Votre rôle n'est pas de discuter de la justesse ou non de sa demande, votre rôle est de satisfaire votre client et de reconnaître ce qu'il estime être un problème. Vous allez donc parfois devoir vous excuser pour quelque chose que vous jugez complètement sans importance. Par exemple, si vous travaillez dans un hôtel et que le client se plaint que les robinets d'eau chaude et d'eau froide sont inversés, vous pouvez estimer que cela n'a aucune importance, mais il faudra quand même vous excuser de la gêne que cela a pu lui occasionner. Votre but n'est pas d'avoir raison, mais d'avoir un client satisfait. Dans une situation comme celle que je viens de décrire, le client veut probablement juste que quelqu'un l'écoute, il ne veut probablement pas qu'on change les robinets ! Faites par contre bien attention de ne pas vous excuser de façon à ce que le client ait l'impression de se faire humilier. Et ne vous excusez que sur ce que votre entreprise a fait, pas sur ce que le client fait ou ressent. Si l'on reprend l'exemple précédent, ne dites pas *« je suis vraiment désolé que vous ne sachiez pas utiliser correctement un simple robinet »*.

Mais dites plutôt

« Je suis désolé de la gêne occasionnée, est-ce que vous voulez que je regarde si je peux vous trouver une autre chambre ? »

ou bien, si tous les robinets sont inversés dans toutes les chambres, dites plutôt : « Je suis désolé de la gêne occasionnée, mais malheureusement, toutes les chambres sont équipées de robinets inversés. Y a-t-il quelque chose d'autre que je puisse faire pour vous ? ».

Deuxièmement, **pour vous protéger psychologiquement**, ne prenez pas les plaintes personnellement. Aucune des remarques ou critiques d'un client qui vous sont faites ne vous concerne en fait directement, c'est l'entreprise qui est visée. Même si le client vous rudoie personnellement, cela n'a rien à voir avec vous. Mettez de côté votre fierté même si vous pouvez prouver que le client a tort, et essayez de la satisfaire au mieux.

Troisièmement, on a beau dire que le client a toujours raison, il peut parfois avoir tort. Mais c'est alors à vous de le lui prouver, preuves à l'appui. Si vous n'arrivez pas à prouver qu'il s'est trompé, c'est qu'il a raison. Dans certains cas particuliers, vous pouvez refuser de répondre à la demande des clients, en particulier si le client vous demande quelque chose d'illégal, à l'encontre de l'éthique ou qui va à l'encontre des règles de sécurité. Dans ce cas, vous devez dire clairement à votre client pourquoi sa demande est refusée, et votre message sera d'autant plus efficace si vous faites précéder votre explication du mot « parce que ». Par exemple : « Je comprends votre envie de garder votre chien dans votre chambre d'hôtel, mais je ne peux pas vous y autoriser parce que certains de nos clients sont allergiques aux poils de chien et nous ne voulons pas mettre leur santé en péril ». Par contre, si c'est votre entreprise qui a tord, pensez à réparer votre erreur par un geste commercial, un cadeau ou toute autre chose qui viendra compenser l'erreur commise par votre entreprise.

Dans d'autres cas, vous serez confrontés à des personnes furieuses ou plus particulièrement désagréables, voire agressives, et dont le comportement n'est pas acceptable. Imaginons que ce soit le cas et que le client furieux ou particulièrement agressif vous menace de poursuites si vous ne lui obéissez pas. Même si vous voulez éviter les poursuites d'un client, examinez la vraisemblance des menaces. Un client sera-t-il réellement prêt à dépenser plusieurs centaines d'euros en honoraires d'avocat pour un produit acheté 150 € dont il ne serait pas satisfait ? Très probablement pas. Même si vous devez faire de votre mieux pour satisfaire vos clients, il faut que cela reste dans le domaine du raisonnable.

Quand la situation est tendue, sachez que vous n'avez pas à gérer la situation nécessairement seul : n'hésitez pas à appeler votre responsable hiérarchique. Il a plus de marge de manœuvre pour résoudre un problème puisqu'il peut prendre des décisions que vous ne pouvez pas prendre. Comme la responsabilité de l'interaction monte d'un échelon hiérarchique, cela rassure le client qui pensera à raison que son problème sera plus facilement résolu. Pendant que vous résolvez son problème ou que vous allez chercher votre supérieur hiérarchique, votre client a le temps de perdre patience, surtout s'il est énervé. Pour le faire patienter, n'hésitez pas à lui proposer de lui offrir une boisson et quelque chose à manger : une barre de chocolat devrait faire l'affaire (n'exagérez pas non plus avec des offres trop déraisonnables).

Les clients ne vous contactent généralement pas parce qu'ils sont contents. La grande majorité n'est pas violente, mais certains clients sont colériques. Comment les gérer ? Leur colère diminue leur capacité à s'exprimer clairement et il est souvent difficile de comprendre leur problème réel. Restez agréables et polis durant toute l'interaction, montrez que vous comprenez leur colère et dites-leur tout de suite que vous êtes prêt à les aider à trouver une solution. Imaginons qu'un client est en colère parce qu'il est resté bloqué dans les toilettes de votre entreprise. Dites-lui par exemple « Je comprends que vous êtes en colère et j'aimerais vous aider. Pouvez-vous le donner des informations supplémentaires sur ce qu'il vous est arrivé ? ». En fonction du contexte, vous n'allez pas forcément donner exactement cette phrase, et il y a beaucoup de variations à faire sur le même thème.

En tout cas, SURTOUT, ne dites JAMAIS « *Essayez de vous calmer, Monsieur* ». Aucune personne énervée ne s'est jamais calmée quand on lui a dit de se calmer. C'est même le contraire. Vous pouvez faire le test suivant chez vous : votre conjoint vous dit quelque chose de façon assez neutre, et au lieu de répondre naturellement, dites-lui de ne pas s'énerver : si vous insistez, ça risque de vite l'énerver.

Un client content peut parler de votre entreprise en bien à d'autres personnes et un client en colère peut devenir un excellent prescripteur si vous résolvez son problème correctement parce qu'il se rendra compte qu'il a surréagi par rapport à la situation. Il en deviendra même un client plus fidèle.

Soyez clair sur ce que vous vendez pour éviter des clients mécontents

Les services clients sont souvent confrontés à des clients insatisfaits, car ils n'ont pas bien compris ce que coûtait votre service, ou ce qu'était vraiment votre produit. Si vous vendez un service, soyez clair sur le périmètre du service et soyez clair sur les exclusions, à moins de vouloir volontairement piéger les clients en leur cachant certaines choses. Par exemple, listez clairement les éléments que ne couvre pas votre assurance. Indiquez clairement le nombre de participants maximum accepté à votre formation. Ou encore, pour un hôtel, indiquez clairement ce qu'inclut le tarif : il est particulièrement désagréable de découvrir au moment de régler qu'il a 7 € de parking, 1 50 € de taxe de séjour et 15 € de petit déjeuner en plus du tarif que vous aviez prévu. Les dépenses imprévues sont souvent une source d'insatisfaction pour les clients, et si l'insatisfaction est forte, vous augmentez les chances qu'ils appellent le service client pour se plaindre.

Autre élément énervant : devoir payer pour pouvoir payer. Je m'explique : si vous voulez réserver une chambre d'hôtel par téléphone, il est courant qu'on vous annonce que cela vous coûtera 34 centimes la minute. Le but est évidemment de décourager les gens d'appeler pour qu'ils utilisent la réservation par internet. Mais il va y avoir deux conséquences : la première, c'est qu'ils estimeront que vous les considérez comme des moutons à tondre, et, deuxièmement, ils risquent alors de faire toutes leurs réservations sur des sites de réservation d'hôtel en ligne qui ne sont pas ceux de votre société et cela vous obligera à payer des commissions. C'est tellement vrai que la Banque ING Direct a lancé une campagne de pub qui dit : « Vous trouvez insupportable de payer pour attendre au téléphone ? Nous aussi. Pour la première fois, une banque rémunère 60 centimes par minute le temps d'attente téléphonique de ses clients ». Cette proposition est très intéressante. Mais on se demande surtout pourquoi toutes les entreprises n'y ont pas pensé avant. Pourquoi c'est si malin ? Dans le cas où le client paye 34 centimes par minutes, on suspecte forcément l'entreprise de faire durer l'attente le plus longtemps possible, juste pour le faire payer plus cher. Dans le cas d'ING, comme c'est l'entreprise qui paye, même si le client attend longtemps, il sait que ce n'est pas pour l'énerver, mais, car les conseillers n'ont pas d'autre choix. Cela permet d'inverser psychologiquement la perception de l'attente.

En conclusion, soyez transparents sur ce que vous vendez et sur les conditions d'accès à vos services ou vos produits. Par ailleurs, ne donnez jamais l'impression à un client déçu ou mécontent que vous profitiez de sa déception pour gagner encore plus d'argent, par exemple en lui faisant payer très cher le droit de se plaindre.

LES CLIENTS DIFFICILES

Chaque contact avec un client est différent et il est difficile d'anticiper la façon dont va se passer une discussion. En effet, deux clients mécontents n'ont pas forcément les mêmes raisons d'être furieux, et ils n'ont pas non plus la même façon de l'exprimer.

Une première catégorie regroupe les clients assez angoissés qui réagissent violemment, souvent à la moindre contrariété ; il suffit d'un retard de livraison, d'une panne d'un appareil pour déclencher leur réaction. Dans ces cas-là, seule une réponse rapide peut les calmer, car il s'agit en fait de calmer leur angoisse. Si vous ne pouvez pas trouver une solution immédiatement, laissez la personne exprimer sa fureur tout en restant parfaitement calme et totalement neutre. Une fois que la personne s'est libérée de toute sa fureur et sa frustration, vous allez pouvoir entamer une discussion plus classique de résolution des problèmes telle que nous l'avons vu précédemment durant ce cours.

Une deuxième catégorie regroupe les clients qui appellent avec une colère froide. Ce sont généralement des clients exaspérés par une accumulation d'erreurs ou d'un traitement inadéquat de leurs réclamations précédentes. Le problème est là plus embarrassant que dans la catégorie des clients furieux : le client a probablement de vraies bonnes raisons d'être aussi furieux. Par exemple, un transporteur de colis m'a posé régulièrement des problèmes, ne livrant pas, ou inventant des passages au domicile qui n'avaient pas eu lieu. Après un certain nombre d'incidents, j'ai demandé au vendeur sur internet de ne plus passer par ce livreur pour moi. En imaginant que des milliers de personnes fassent ce genre de demande, une décision possible est d'arrêter de travailler avec ce livreur indélicat. Dans tous les cas, face à une colère froide, une solution définitive et viable doit être trouvée pour le client qu'on risque de perdre définitivement.

Dans les deux cas, le client n'est pas forcément perdu : une bonne résolution de son problème peut même le transformer en client fidèle pour le futur.

Le client violent agressif

Le client hostile et parfois agressif est le plus difficile à gérer, car il peut même faire peur (surtout dans une interaction physique). Bien que son comportement soit a priori inacceptable, donnez-lui le bénéfice du doute, il y a forcément une raison pour laquelle il est dans cet état. Sans cet état d'esprit, vous allez être en permanence sur la défensive et vous risquez de rater l'information importante.

Tout d'abord, ne dites rien qui l'incite à s'énerver encore plus, par exemple : « Monsieur, arrêtez de vous énerver ! » ou encore « Essayez de vous calmer ». Ne reporter pas la faute sur lui sous prétexte que son comportement inapproprié. Par exemple : « Vous êtes tellement énervé que cela ne m'étonne même pas que vous n'arriviez pas à faire fonctionner le machintruc ». Ensuite, face à un client en colère voire à la limite de la violence, sachez que leur colère diminue leur capacité à être clairs et qu'il est souvent difficile de comprendre le problème réel. Restez agréable et poli durant toute l'interaction, montrez-lui que vous comprenez sa colère et dites-lui tout de suite que vous êtes prêt à l'aider à trouver une solution. Par exemple si un client est en colère par le traitement qui lui a été infligé, dites « Je comprends que vous êtes en colère et j'aimerais vous aider. Pouvez-vous le donner des informations supplémentaires sur ce qu'il vous est arrivé ? »

Si la personne veut prendre l'avantage sur vous en s'imposant physiquement, par la voix et les gestes, essayez de résister.

Si vous êtes bâti comme un catcheur professionnel, restez stoïque, votre interlocuteur se calmera de lui-même. Si le client est physiquement impressionnant, ne jouez pas aux héros en montrer vos petits muscles et en criant plus fort que lui.

Essayez d'abord de détourner son attention : offrez-lui à boire ou à manger tout en lui donnant les explications possibles du pourquoi on en est arrivé là. Essayez de trouver des ponts communs avec lui : si vous lui avez vendu un dérailleur et que vous êtes fan de vélo, dites-le-lui, cela peut parfois réduire l'agressivité de savoir qu'on a quelqu'un qui nous ressemble en face. En tout cas, s'il vous fait peur n'hésitez pas à faire un signe à la sécurité, tout au moins pour qu'elle reste à côté au cas où.

Ensuite, n'hésitez pas à isoler la personne si travaillez dans le cadre d'un environnement bruyant et avec de nombreuses sollicitations visuelles, par exemple dans un supermarché ou à un guichet de gare. Cela permettra de réduire les sources d'excitation visuelles et sonores.

Enfin, poussé dans vos derniers retranchements, vous pouvez aussi dire à votre client que vous allez faire intervenir quelqu'un d'extérieur bien plus fort que lui. Par exemple « Monsieur, je veux bien essayer de trouver une solution, mais si vous continuez à me menacer, je serai obligé d'appeler la Police et non seulement cela ne va pas aider à résoudre votre problème, mais cela risque de vous en créer des nouveaux ».

Autre scénario : la faute est portée entièrement par votre entreprise. N'hésitez pas à répéter sans cesse que c'est la faute de votre entreprise et que votre entreprise va tout faire pour arranger les choses.

Pour conclure, la gestion des personnes violentes a cela de particulier que vous devez vous protéger physiquement et protéger éventuellement vos collègues. N'hésitez pas à faire intervenir d'autres personnes de l'entreprise dont la sécurité pour prévenir toute possibilité à la situation de dégénérer. Au téléphone, la situation est bien plus facile à gérer, car il vous suffit de menacer la personne verbalement violente de raccrocher si elle continue.

Le client indécis

Le client indécis a cela de particulier qu'il ne réclame rien, mais a du mal à choisir. Il hésite, change d'avis sans cesse et la conversation se fait sans fin. Ce type de client est très chronophage, car il connaît mal vos produits ou vos services et aussi parce qu'il n'a pas vraiment encore défini ce dont il besoin. Il risque de faire perdre patience à d'autres clients qui attendent de pouvoir interagir avec vous.

Premier cas de figure : vous détectez une méconnaissance complète des produits et services. N'hésitez pas à aiguiller le client vers de sources d'information sur le sujet pour qu'il puisse en apprendre plus sur le sujet. Ce n'est pas votre rôle de lui faire un cours sur le sujet, surtout si vous êtes sollicités par ailleurs. Si vous êtes dans un magasin physique, l'idéal serait d'installer un ordinateur connecté à internet sur lequel vous pouvez directement installer le client pour qu'il consulte toutes les informations sans avoir à sortir du magasin. En effet, s'il doit partir pour consulter les informations, vous pourriez ne jamais revoir ce client.

Deuxième cas de figure : le client sait ce dont il a besoin, mais il n'arrive pas à choisir. Il se trouve en fait face à un problème classique : le paradoxe du choix. Le paradoxe du choix est un phénomène qui a lieu quand un très grand nombre de possibilités s'offrent au même client, par exemple, vous vendez vingt modèles différents de lecteurs MP3, mais difficilement différenciables du point de vue du client.

Ce phénomène de paradoxe du choix a deux conséquences.

La première conséquence, la paralysie, risque de vous faire perdre le client, car la paralysie consiste à ne finalement rien acheter du tout, et vous avez perdu votre temps pour rien.

Et la deuxième conséquence, l'insatisfaction, est un phénomène de déception quasi systématique, peu importe la qualité du produit acheté, et en particulier, car le client peut regretter de ne pas avoir acheté une autre référence si quelque chose n'est pas parfait dans son produit. Au niveau du service client, c'est surtout la paralysie que vous devez combattre, et cela veut dire que vous allez devoir proposer à votre client au maximum deux ou trois choix possibles même si les vingt modèles de mp3 pourraient lui convenir. Pour faire cela, posez des questions à votre client de façon à pouvoir supprimer du choix. Par exemple :

- voulez-vous que votre écran soit forcément en couleur ?
- est-ce que la capacité de stockage doit être élevée ?
- quand vous écoutez de la musique, changez-vous souvent d'album ou écoutez-vous par albums entiers (et cela permettra de mettre en avant des produits plus ergonomiques si le client change souvent d'album)
- quel est le prix maximal que vous êtes prêt à mettre ?

Bien entendu, vous allez adapter vos questions aux produits que vous vendez, et l'objectif est ensuite de dire au client : « Par rapport à ce que vous venez de me dire, je vous propose le modèle 1 ou le modèle 2 ». Enfin, si le client hésite toujours entre deux produits, vous pouvez essayer de conclure la vente en l'encourageant à acheter un produit tout en l'informant des modalités de retour.

En conclusion, réduisez le paradoxe du choix, cela facilitera l'acte d'acheter de vos clients et vous passerez moins de temps à les conseiller, et rassurez-les en proposant un retour possible.

Le client inquiet

Le client inquiet, de nature plus pessimiste, imagine tout ce qui va mal se passer s'il achète vos produits. Il a probablement vécu des expériences malheureuses avec d'autres entreprises, qui l'ont maltraité, des escrocs qui lui ont peut-être vendu des produits qui ne correspondaient pas à la promesse marketing ou encore un service client inexistant qui ne peut résoudre aucun problème. C'est comme si vous achetiez un ordinateur dont le chargeur ne fonctionne pas une fois que vous avez déballé le produit, et que le vendeur vous renvoie vers le constructeur en vous disant que ce n'est plus son problème. Je l'ai vécu, c'est très énervant. Du coup, le client se méfie de tout le monde. De fait, c'est très facile à gérer : il suffit de le rassurer. Alors, vous me direz qu'étant inquiet, il ne vous croira pas. C'est là qu'il y a un argument magique : le *document écrit*. En effet, les documents écrits vous aideront à convaincre le client inquiet, car il sait que vous êtes obligés de tenir vos promesses si vous les avez mises par écrit. Vous ne comprenez pas de quoi je veux parler ? La tendance depuis quelques années est de promettre des choses aux clients, mais sans jamais montrer la moindre trace écrite des promesses qui sont faites. Un opérateur téléphonique vous fait une offre alléchante. Si jamais vous demandez à voir le contrat dans lequel tout ce qui a été promis est indiqué noir sur blanc, *c'est impossible.* Et on vous répond que c'est une histoire de confiance, qu'il faut les croire sur parole. Le client inquiet ne vous croira pas sur parole. Comme certaines entreprises en profitent pour travestir la réalité et pouvoir ensuite se cacher derrière un « ce n'est pas ce qu'on voulait dire », de nombreux clients sont devenus des clients inquiets, car ils ont perdu confiance dans la parole des vendeurs ou des services clients.

En conclusion : pour convaincre les clients inquiets, ou suspicieux d'ailleurs, utilisez des documents écrits, car ils seront rassurés de pouvoir apporter la preuve écrite de votre promesse en cas de litige.

Le client bavard

Certains clients sont très bavards. Ils ne discutent pas que des produits qu'ils veulent acheter, mais parfois de tout et de rien : la météo, leurs expériences, ce qu'ils aiment. Mais en général, soyons honnêtes, le sujet n'est pas vraiment éloigné de la thématique des produits que vous vendez. Par exemple, si vous êtes libraire, le client bavard va peut-être commencer à vous résumer un livre qu'il a adoré, car c'est un passionné de littérature. Du coup, les clients bavards peuvent être intéressants, voire passionnants, et vous allez peut-être avoir envie d'interagir avec eux. Le problème est que cela risque de monopoliser beaucoup de votre temps. Ne vous laissez donc pas entraîner dans une telle interaction si vous avez des impératifs par ailleurs, en particulier si vous avez du retard dans votre travail, ou si d'autres clients attendent. Mais parfois, si vous n'êtes pas si pressé, ça ne pose pas de problème d'autant que le client bavard va apprécier d'avoir pu s'exprimer librement, et donc par ricochet, il va aimer votre entreprise. Si vous devez mettre fin à la discussion, faites-lui sentir que c'est à regret. Vous pouvez dire une phrase dans le style : « J'aimerais beaucoup pouvoir continuer cette discussion, mais je suis obligé de vous laisser, car il y a quelques personnes qui attendent depuis longtemps et je dois leur répondre. Si vous êtes là quand j'ai fini, ce sera avec plaisir que l'on pourra reprendre notre conversation ». La réaction à avoir avec les clients bavards dépend du temps que vous avez pour l'interaction. Si vous n'êtes pas pressé et qu'aucun autre client n'attend, il n'y a pas de problème particulier à discuter avec de tels clients, surtout si le sujet porte sur le même thème que ce que vous vendez.

Le client qui ne comprend pas ce qu'on lui explique

Il peut vous arriver de vous confronter à un client qui ne comprend rien à ce que vous racontez. Plusieurs raisons pour cela : il entend mal, il parle mal le français, il n'ose pas poser de questions quand il n'a pas compris certaines choses. Enfin, dernière raison possible, et qui est plus vraisemblablement la raison : vous ne faites pas le moindre effort pour vous faire comprendre ! Dans la communication, quand un message ne passe pas, c'est toujours la faute de celui qui donne l'information : à 100 %. Or il y a deux problèmes :

Le premier problème est que vous considérez que, certes, vous devez expliquer, mais le client doit aussi faire des efforts pour essayer de vous comprendre. C'est une erreur de base en communication : c'est à vous de faire l'effort, pas au client.

Le deuxième problème est que vous avez une idée fausse de la qualité de vos explications. En effet, de très nombreux autres clients comprennent parfaitement ce que vous expliquez. Mais peut-être comprennent-ils mieux vous explications, car il se sont déjà renseignés sur vos produits avant de venir ? Et du coup, leurs connaissances leur permettent de comprendre vos explications tordues. Si vous constatez que les clients non avertis ont souvent du mal à vous comprendre, contrairement à ceux qui sont déjà bien renseignés, c'est que vous devez améliorer votre façon de communiquer. Soyez vigilant dans votre communication et tout particulièrement, suivez la règle de la linéarité pour être clair (voir la partie correspondante). La règle de la linéarité consiste à toujours partir d'une information connue de celui qui vous écoute pour expliquer une information qui ne lui est pas encore connue. Rappelez-vous toujours que vous êtes entièrement responsable si un client ne vous comprend pas.

En conclusion, respectez les clients, même si vous estimez qu'ils ne comprennent rien parce vous pensez qu'ils sont bêtes, il y a de fortes chances que vous soyez en réalité responsable. Restez simple dans vos formulations, évitez le jargon et suivez bien les règles d'une communication efficace.

Le client pointilleux

Parfois, certains clients pointilleux vous interrogent sur des points que vous estimez secondaires et pour lesquelles ils prennent quand même la peine d'appeler, de se plaindre ou encore de donner des conseils. Le client « pointilleux » est mécontent d'éléments factuels qu'il a été capable de quantifier ou qualifier et, par exemple, il estime que votre mode d'emploi est incompréhensible, et vous donne de nombreux conseils pour l'améliorer. Il fait des remarques qu'il espère voir prises en compte dans les processus de l'entreprise et insiste pour que vous fassiez remonter l'information. Dans tous les cas, il faut lui assurer que l'information sera transmise au service concerné. Ensuite viennent deux possibilités :

Soit vous considérez que ce n'est qu'un gêneur et vous ne faites rien de l'information qu'il vous a donnée (c'est ce que semblent en général faire les entreprises) ;

Soit, vous profitez de l'information pour effectivement améliorer les services et les produits de votre entreprise.

Je ne peux que vous recommander la deuxième des solutions. Écoutez vos clients pointilleux, même si leur point de vue est différent du vôtre, parce que leur point de vue est en fait plus important que le vôtre : ce sont vos clients qui vous font gagner de l'argent. Et ce que vous jugez être un client pointilleux n'est peut-être qu'un client qui a eu le courage de dire tout haut ce que tous vos clients pensent tout bas. Et si plusieurs clients que vous estimez pointilleux vous font la même remarque, il est très probable que vous ayez des progrès à faire sur les points incriminés.

Le client autoritaire

Certains clients savent se montrer autoritaires, car ils se sentent un peu comme des experts dans votre propre domaine. Ils ont un avis tranché sur tous les sujets et ne vont pas hésiter à vous interrompre dans vos explications. Vous devez rester stoïque et ne jamais répondre par de l'ironie, par exemple « Puisque Monsieur connaît si bien les composants électroniques utilisés dans nos téléphones, il comprendra que la garantie ne peut pas couvrir tel élément ». Montrez à ce client qu'il compte pour vous. Vous pouvez lui dire quelque chose comme : « Monsieur Dupont, vos remarques sont importantes pour nous et nous allons trouver une solution. Je peux vous proposer de faire telle chose si cela vous convient ? ». Si le client refuse votre proposition et vous en fait une autre : si c'est quelque chose qui correspond à ce que vous pouvez faire, dites-lui : « C'est une très bonne idée, Mr Dupont, et je pense que nous allons pouvoir résoudre votre problème. » Si le client propose quelque chose d'infaisable, faites une nouvelle proposition de remplacement. Vous pouvez lui dire : « C'est a priori une bonne idée, Monsieur Dupont, mais le règlement de mon entreprise ne me permet pas de faire ce que vous proposez. Je peux vous proposer de faire telle autre chose à la place. Qu'en pensez-vous ? ».

Pour pouvoir faire cela, vous allez devoir bien connaître ce qu'il vous est possible d'accepter ou pas. Dans les cas les plus complexes, n'hésitez pas à faire intervenir votre supérieur hiérarchique, qui a plus de pouvoir de décision.

Le client râleur

Les clients râleurs aiment râler pour le plaisir de râler. Ils aiment pouvoir se plaindre et se plaindront chaque fois qu'ils le pourront. Il y a tellement de raison de pouvoir râler quand on aime se plaindre qu'on ne va pas essayer d'en faire la liste. Par contre, quand vous savez que vous avez à faire avec un client râleur, car vous l'avez détecté grâce à la fiche client qui décrit ses comportements précédents, ou parce que vous le connaissez déjà, ayez trois réflexes :

Premièrement : comme les plaintes du râleur ne se justifient généralement pas, considérez au départ que votre entreprise n'a rien à se reprocher.

Deuxièmement : contrairement à ce qui préconisé avec d'autres types de clients, ne vous excusez pas tout de suite et soyez bien sûr que son mécontentement vient d'une erreur de votre entreprise avant de vous excuser. Sinon, cela ne ferait qu'amplifier sa volonté de se plaindre de nouveau dans le futur.

Troisièmement, ne discutez que de faits factuels et jamais de son ressenti :

– J'en ai marre, vous livrez toujours en retard ! Je perds patience.

– Je note que vous avez été livré 72 h après votre commande sur notre site. C'est le délai standard indiqué sur le site.

– Oui, mais c'est beaucoup trop long, vous ne vous rendez pas compte du temps que je perds à cause de vous.

– Je peux comprendre, mais le délai qui vous a été donné sur le site est de 72 h sur le site et nous avons bien respecté ce délai de 72 h. D'après vous, comment cela aurait dû se passer ? »

La dernière phrase *« D'après vous, comment cela aurait dû se passer ? »*, laisse une porte de sortie honorable au client râleur, car peut-être a-t-il finalement une bonne raison de râler. Si un client râleur continue à se plaindre envers et contre tout, invitez-le à coucher par écrit sa plainte et vous l'envoyer avec tous les détails sous prétexte de vous permettre de mieux comprendre sa situation. Cela l'obligera à faire un effort de rédaction qu'il n'aura peut-être pas envie de fournir, car il sait qu'il a tort.

Le sans gène, le chasseur de prime et la victime

Nous allons aborder trois catégories de clients qui ne méritent pas trop de s'étendre sur le sujet :

- les clients mal élevés
- les sans-gêne
- les chasseurs de prime
- et ceux qui se considèrent comme des victimes.

Il peut vous arriver de tomber sur un client sans-gêne. Il peut être grossier, vous parler la bouche pleine et vous interrompre pendant que vous parlez avec un autre client. Si le client vous interrompt dans vos interactions avec d'autres clients, ne l'ignorez pas et recadrez tout simplement en lui disant :

– Je suis à vous dans une minute lorsque j'ai terminé avec cette personne

ou alors, s'il y a beaucoup de personnes qui attendent avant lui, dites-lui :

– Un instant monsieur, je termine avec les personnes qui sont arrivées avant vous, et je suis à vous juste après.

Pour ce qui est du langage et du vocabulaire ou le fait de manger devant vous, c'est à chaque entreprise de décider de la façon dont elle veut qu'on réagisse. Il est par exemple parfaitement possible de complètement ignorer la chose et de répondre courtoisement comme si de rien n'était.

Le client « chasseur de prime » veut économiser de l'argent et il peut être de mauvaise foi : il cherche juste à récupérer une compensation financière. Il est assez facile à repérer : il suffit de vérifier son historique des plaintes. Si une liste sans fin s'affiche, il en fait partie. Ne cédez pas facilement face à ce genre de client, car il fait baisser votre rentabilité. Demandez-vous même si vous voulez le garder comme client. En tout cas, n'hésitez pas à utiliser des procédures légales et n'hésitez pas à relancer les factures qu'il ne paye pas sous prétexte de mécontentement.

Enfin, certains clients se sentent comme des « victimes » : ils s'estiment lésés, votre produit est inefficace, votre service après-vente est trop lent, ou tout autre élément qu'il estime lui porter préjudice. Le client victime essaie en fait d'obtenir un geste commercial. Répondez-lui de façon purement factuelle, ne discutez pas de son ressenti.

Imaginez le dialogue suivant :

Le client

– Cela fait cinq jours que je n'ai plus de lave-linge, vous êtes trop lent, vous ne venez que dans trois jours, ce n'est plus supportable

Vous

– Vous avez appelé le service client le lundi 12 à 17 h 34 et, dans votre contrat, il est indiqué que vous serez dépanné dans un délai de dix jours ouvrés. Je note que la date d'intervention correspond à ce que votre contrat indique ».

– oui, mais c'est beaucoup trop tard, je n'ai plus d'habits propres à me mettre !

– je peux comprendre, mais nous respectons le délai contractuel. D'après vous, comment cela aurait dû se passer ?

Les clients mal élevés, les sans-gêne, les chasseurs de prime et ceux qui se considèrent comme des victimes sont des clients qui peuvent faire baisser la rentabilité de votre entreprise si vous acceptez toutes leurs demandes. S'il est avéré que votre entreprise n'a rien à se reprocher, n'accédez pas à leurs demandes.

5

LES SPÉCIFICITÉS DU SERVICE CLIENT AU TÉLÉPHONE

LE CONTACT AU TÉLÉPHONE

Vous êtes en contact régulier avec les clients de votre entreprise au téléphone et cela soulève des défis spécifiques Or, la multiplication des plateformes d'appel à l'étranger a créé une défiance des clients vis-à-vis des services client téléphoniques. Comment résoudre les problèmes des clients au téléphone ? Comment laisser une image positive au téléphone ? Quelles sont les astuces spécifiques au contact téléphonique ?

Sept astuces pour faire patienter au téléphone

Il est pénible d'attendre dans une file, mais il est également pénible d'attendre au téléphone. 75 % des Français sont prêts à attendre jusqu'à trois minutes au téléphone. Vous devez diminuer ce temps d'attente le plus possible. Certaines astuces qu'on utilise pour une attente dans une file d'attente physique peuvent être utilisées :

Première astuce : si vous le pouvez, **indiquez un temps d'attente** prévisionnel ou indiquez le nombre de personnes qui précèdent dans la file d'attente. Cela permet au client de décider s'il désire attendre ou pas.

Deuxième astuce : **prévoyez éventuellement une animation** pour les personnes qui ne font pas autre chose pendant qu'elles attendent. Alors attention, la petite musique d'attente n'en fait pas partie. À la place de la musique d'ambiance habituelle, vous pouvez par exemple utiliser une radio d'information ou vous pouvez présenter vos nouvelles offres commerciales. C'est à vous de décider de ce qui pourrait le plus intéresser vos clients

Troisième astuce : ne permettez pas les transferts d'opérateurs. Il n'y a rien de plus désagréable que d'être transféré d'un opérateur à un autre ou d'un service à un autre et de devoir raconter de nouveau toute son histoire et redonner son numéro client.

Quatrième astuce : ayez un historique des échanges avec le client. Un historique permet de gagner du temps, car le client ne va pas devoir rappeler tout le contexte et les problèmes rencontrés depuis son dernier appel. L'astuce est que tous les opérateurs doivent avoir accès à la même base de données, et ce n'est apparemment pas le cas dans toutes les entreprises.

Cinquième astuce : arrêtez de raccrocher. Dans certaines entreprises, il a été décidé qu'une interaction avec un client ne pouvait pas dépasser une certaine durée, par exemple cinq minutes. La connexion se coupe automatiquement si cela dépasse cette durée. C'est totalement absurde : le client doit rappeler, tomber sur un opérateur qui peut en être un autre, et va devoir tout réexpliquer pour être de nouveau coupé. Quand un client est en ligne, ne raccrochez pas tant que vous n'avez pas terminé.

Sixième astuce : ne mettez pas en place des procédures absurdes. L'imagination débridée de certains responsables de service client rend le service client absurde. Qu'est-ce que je veux dire par là : vous appelez un service client, un répondeur vous demande de rentrer votre code client, finir par un dièse, puis vous demande votre code : vous validez tout comme il faut et l'opérateur vous répond. Première chose qu'il vous demande : « pourriez-vous me donner votre numéro client ? » C'est absurde. Autre exemple : le service client d'un opérateur internet connu demande à ses clients d'appeler depuis le téléphone lié à la box internet pour pouvoir l'aider. Mais si la box est en panne ? ... Par conséquent, auditez les procédures mises en place dans votre entreprise et supprimez toutes les procédures absurdes. Mettez-vous dans la peau du client qui a un problème : si vous étiez traité comme vous traitez vos clients, seriez-vous satisfait ? Très satisfait ? Ou au contraire énervé ?

Septième astuce : Donnez la possibilité à votre client d'obtenir facilement un être humain en ligne. Nombreuses sont les entreprises qui s'équipent de répondeurs automatiques qui permettent de renvoyer les clients vers le bon service ou vers des prestations automatiques au téléphone. Dans certains cas, il est tellement compliqué de trouver la succession d'options à choisir pour parler à un être humain, que les clients décident de contacter un opérateur dans des catégories qui ne correspondent pas à leurs besoins. Si vous utilisez des répondeurs automatiques, ne cachez pas l'accès à un opérateur dans des sous-menus, proposez le choix dans le menu de départ. Cela diminuera la mauvaise perception du service client (car vous donnez l'impression de créer un labyrinthe pour qu'on ne puisse pas vous contacter) et cela fera gagner du temps à d'autres services qui n'ont pas pour mission d'aiguiller les clients vers le bon poste. Faites en sorte que vos clients passent un bon moment au téléphone même si au départ ils appellent pour se plaindre.

La grande difficulté du téléphone : l'absence de non verbal

Une des grandes difficultés au téléphone et l'absence de toute communication non verbale. Vous ne pouvez voir ni la tête de votre interlocuteur, ni sa gestuelle, ni le placement de son corps. Or le non verbal fait passer une grande quantité d'information et son absence ne peut être compensée qu'à l'aveugle : vous ne savez pas comment se sentent les gens, car vous ne les voyez pas et vous pourriez faire des erreurs d'interprétation. Vous devez donc toujours considérer que le client est tendu et fatigué, et vous rappeler que le rôle du service client est de lui simplifier la vie et être agréable. Là où ça devient plus intéressant, c'est si l'on s'intéresse à votre posture. En effet on sait que l'humeur du moment va jouer sur la posture physique. Quelqu'un de très déprimé va physiquement se replier sur lui-même, les bras croisés, le dos rond. À l'inverse, quelqu'un de très bonne humeur, va être physiquement très ouvert, les bras peuvent être écartés, la tête haute et le dos plutôt droit.

Jusque-là, rien de nouveau, mais, des chercheurs se sont intéressés sur la relation inverse, à savoir est-ce que la posture physique peut avoir une influence sur notre moral ?

Les chercheurs ont donc déterminé
– une position de dominance, dite position alpha
– une position de « dominé », dite position bêta

On demande alors aux sujets testés de prendre une position alpha ou bêta pendant deux minutes puis on les place dans une situation de très fort stress à savoir un entretien d'embauche durant lequel le DRH ne donne aucun signe non verbal. Les entretiens sont filmés et visionnés par des personnes qui vont juger qui elles préfèrent embaucher. Pour tous les sujets testés, le CV est parfaitement équivalent tout comme les réponses durant l'entretien ; pourtant, les personnes qu'on préfère embaucher sont celles qui ont tenu une position alpha juste avant l'entretien. En effet ces derniers sont plus dynamiques, motivés et sympathiques et contrairement aux autres qui étaient plus stressés et moins sûrs d'eux. Cette expérience est très importante quand on travaille dans un service client. Un chargé de clientèle, sûr de lui et peu stressé, a une meilleure relation avec les clients. Il va donc falloir faire en sorte que la position physique des personnes en ligne soit une position alpha. Il y existe de nombreuses, mais un des éléments majeurs qui va distinguer les positions alpha des positions bêta est la position des mains.

Imaginez deux plans qui passent le long de votre corps. Quand vos deux mains sont à l'extérieur de ce plan, vous êtes plutôt dans une position alpha, si les deux mains sont à l'intérieur de ce plan, c'est plutôt une position bêta. Il va falloir maintenant profiter de ces découvertes au service téléphonique du service client de votre entreprise. Concrètement, comment faire en sorte d'avoir plutôt des positions ALPHA qui permettent de mieux résister au stress et être plus à l'aise au téléphone ?

Je vous conseille :

- un casque de télémarketing pour ne pas avoir à tenir un téléphone à la main
- de poser les deux mains derrière la tête, c'est une position alpha très forte
- de positionner le fauteuil haut par rapport à la table pour ne pas pouvoir s'avachir
- d'avoir les deux mains toujours à l'extérieur des deux plans du corps et de préférence bien écartées l'une de l'autre. Ces deux mains peuvent reposer sur la table.
- d'avoir les mains sur les accoudoirs si la chaise en a, cela maintient les mains en dehors des deux plans qui sont la limite du tronc.

En revanche, ne mettez pas vos coudes sur la table, car cela risque d'amener à des positions bêta. En maintenant une position alpha tout au long de la journée, la position du corps va permettre les modifications hormonales qui vont aider à avoir de l'assurance et diminuer le stress des personnes en contact avec les clients.

Créez une relation personnelle avec le client et utilisez les temps morts

Pendant la conversation téléphonique, chaque fois que vous le pouvez, essayez de créer une relation personnelle avec le client. Cela permet d'améliorer la perception qu'il aura de son appel téléphonique. C'est évidemment difficile au téléphone puisque vous ne voyez pas le client et vous avez généralement très peu de temps. La première chose qui peut aider à créer une relation personnelle est d'appeler le client par son nom à chaque fois que cela est possible. Par exemple, si vous savez lequel de vos clients vous appelle parce qu'il a rentré son numéro client avant de vous avoir en ligne, dites plutôt :

– Bonjour, Monsieur Dupont, je suis Philippe, comment je peux vous aider ? »

Utiliser le nom de votre client plutôt que de vous adresser à lui de façon complètement anonyme lui donnera l'impression qu'il compte en tant qu'individu, que sa demande personnelle est prise en compte. En fonction du pays francophone, les règles du vouvoiement ou du tutoiement peuvent être très différentes, et peut-être vos clients attendent-ils plutôt que vous les appeliez par leur prénom. Dans ce cas, remplacez « Monsieur Dupont » par le prénom du client. Si la conversation se déroule très rapidement, vous n'aurez pas beaucoup d'autres façons de créer une relation personnelle. Par contre, si la conversation téléphonique nécessite un ou des temps morts, c'est à dire un moment sans discussion qui vous est nécessaire pour entrer des informations dans votre logiciel de gestion client, ou tout simplement, car vous attendez une information, vous pouvez en profiter pour essayer de créer une relation personnelle grâce à des questions qui sont annexes à votre activité. Par exemple, si vous vendez des produits alimentaires comme des salades repas, qu'il y en a cinq variétés, et que le client vous a justement appelé pour poser une question sur l'une des variétés, vous pouvez demander :

– Sinon, vous avez goûté toutes les variétés ou bien vous achetez toujours la même ?

C'est une question qui peut être le début d'une petite parenthèse dans la discussion et qui peut d'ailleurs vous apporter des informations complémentaires. Cela peut également vous donner l'occasion de donner des conseils à votre client. Pendant ces temps morts, vous pouvez également poser des questions pour mieux comprendre le client ou pour l'orienter vers de nouveaux produits ou de nouveaux services. Certes, c'est le travail des commerciaux, mais il serait dommage de ne pas profiter d'une interaction avec le client pour mieux le comprendre. Il ne s'agit pas de vendre, mais de conseiller le client.

Si vous arrivez à créer un début de relation personnelle avec le client, cela facilitera les discussions et cela pourrait créer de l'attachement à votre entreprise. N'oubliez pas que, pour beaucoup de produits, les gens achètent non pas parce que les produits sont bien, mais parce qu'ils vous aiment bien.

Les transferts vers un autre numéro

Vous n'êtes pas le bon interlocuteur pour votre client et vous allez devoir le mettre en attente. Or, il a probablement déjà attendu pour être mis en relation avec vous. Que c'est pénible pour lui : il va falloir qu'il réexplique tout de nouveau à son nouvel interlocuteur. Personnellement, comme client, mon record est de quatre interlocuteurs au service client, et rien que de le dire ça me fatigue déjà ! Pour éviter la lassitude et l'exaspération des clients, ayez les trois points suivants en tête :

1) Première chose : demandez au client l'autorisation de le mettre en attente pour lui passer une autre personne. Par exemple : « Je n'ai pas la réponse à votre question, et je dois vous passer ma collègue Cécile. Si la réponse est trop compliquée, je vous le passerai. Est-ce que je peux vous mettre en attente ?

2) Deuxièmement : essayez d'éviter le transfert d'appel quand c'est possible : quand vous avez mis le client en attente et que vous joignez votre collègue, celui qui est capable de répondre à la question, si c'est simple et que vous pouvez vous-même répondre, faites-le, cela évitera au client de tout raconter de nouveau.

3) Troisièmement, si vous transférez le client à un collègue que vous connaissez, nommez-le quand vous parlez au client. Dites : "Je vous passe Cécile qui saura répondre à votre question". Dans tous les cas, quand vous transférez un appel, expliquez pourquoi vous transférez l'appel. Il m'est déjà arrivé d'expliquer mon problème au service client et, en plein milieu d'une de mes phrases, je me retrouve avec

une musique d'attente, et je tombe sur un nouvel interlocuteur. C'est à éviter absolument.

Les clients détestent attendre durant les transferts d'un numéro à l'autre, facilitez-leur la vie en leur évitant de répéter plusieurs fois leur histoire.

Profiter de l'appel du client pour l'étonner

Si votre service client fait très exactement ce que font tous les autres services clients, ou si vous ne faites que ce que vous êtes censés faire dans une version minimale, vous aurez du mal à être apprécié des clients. Or, c'est souvent dans les difficultés que rencontre un client et dans son interaction avec le service client que se forge une idée de la valeur d'une entreprise. Logique : quand tout va bien et qu'on n'a pas de question à poser, le client a du mal à se faire une idée de ce que vaut une entreprise, et c'est pourquoi un client qui n'a jamais eu de problème avec ses lecteurs de DVD n'hésitera pas à acheter un lecteur DVD low cost : à quoi bon payer plus cher ce qu'il estime être la même chose. Mais quand les choses vont mal, par exemple, un ordinateur qui ne veut pas redémarrer, un service client efficace laissera une trace durable dans l'esprit du client, car il lui a résolu le problème. Il se trouve que j'ai eu un problème avec mon disque dur : j'ai appelé le service client d'une entreprise que je vais appeler POMME, et ce service client n'a pas raccroché tant qu'il n'a pas résolu mon problème : cela a pris trois heures, et le service client est resté au téléphone avec moi pendant les trois heures sans raccrocher ! Et cela même pendant la phase de réinitialisation de l'ordinateur et de réinstallation, qui dure plus d'une demi-heure. J'avoue que j'ai été bluffé. C'est bluffant, parce que je ne m'attendais pas à ça.

Si vous trouvez un moyen d'excéder les attentes de vos clients, c'est un bon moyen de les transformer en clients fidèles. Par exemple, si vous devez couper l'arrivée d'eau d'un client pendant 24 heures, pour quelque raison que ce soit, vous pourriez envoyer une liste de rappel de ce qu'il faut faire avant la coupure d'eau :

- remplissez votre cafetière
- remplissez au moins deux bouteilles d'eau potable par personne
- prévoyez trois seaux d'eau pour les WC
- faites votre lessive et la vaisselle la veille.

- prévoyez deux seaux d'eau pour les WC, etc.

C'est un petit détail, mais c'est une attention qui montre qu'on se préoccupe des clients : ça fait plaisir, c'est utile et ça laissera une trace positive dans l'esprit de votre client.

LA COMMUNICATION AU TÉLÉPHONE

La diction au téléphone

Un des obstacles liés au service client au téléphone est le problème de la diction. En effet, la qualité sonore est souvent très moyenne et il n'est pas toujours possible de bien comprendre son interlocuteur. Si le client a le droit de mâcher ses mots et d'être difficile à comprendre, ce n'est pas possible pour le service client. Chaque mot prononcé doit être parfaitement intelligible et facilement audible. Or, pour réduire les coûts, de nombreux services clients téléphoniques délocalisent leurs centres d'appel à l'étranger. La qualité de la ligne téléphonique peut parfois être dégradée et les expressions peuvent être différentes. Tout ceci peut rendre la communication difficile. Cela peut exaspérer certains clients qui peuvent penser que la qualité du service est faible, étant donné que la délocalisation dans des pays à moindre coût n'a pour seul objectif que de baisser les coûts. Or, moins cher égal moins bien.

Si vous décidez de délocaliser votre service client : vérifiez que la qualité du réseau téléphonique chez le prestataire est suffisante. Par ailleurs, dans le cahier des charges destiné à votre prestataire, demander un effort particulier dans l'articulation et demandé à ce que les personnes au service client parlent fort, voire très fort. Pour les services clients téléphoniques localisés dans le pays du client, la qualité sonore est souvent correcte, il n'en reste pas moins qu'il faut faire un gros effort d'articulation, vous devez même SUR-ARTICULER. L'astuce est alors assez simple : si quand vous parlez, vous n'avez pas l'impression de TROP articuler, c'est que vous n'articulez pas assez. Le problème d'articulation est bien sûr celui du service client, mais l'articulation du client peut aussi poser des problèmes. Ainsi, assez régulièrement, je fais travailler des débutants et quand ils doivent collecter des adresses mail par téléphone, on se rend compte à quel point l'articulation est un problème : chez mes débutants, j'ai pu avoir jusqu'à un mail sur cinq mal noté : une lettre mal comprise, un tiret oublié et tout un tas d'autres erreurs bêtes. C'est une grosse perte de temps et d'énergie. Quand vous avez du mal à comprendre votre client, ne lui demandez surtout pas d'articuler ! Ce serait très mal interprété. Si vous ne comprenez pas votre client, dites plutôt :

– Je m'excuse, la ligne téléphonique est très mauvaise et je vous entends mal, est-ce que cela vous embête si je vous demande de parler un peu plus lentement ?

Dans tous les cas, la diction au téléphone est un élément aussi important que l'aspect vestimentaire dans un face à face. Au service client, soyez irréprochable sur ce point.

Faire des références visuelles pour être plus efficace

La difficulté, au téléphone, c'est qu'on ne peut rien montrer. Or, les personnes qui sont plutôt visuelles sont très nombreuses, moi y compris. Beaucoup d'appels téléphoniques font référence à des documents écrits : une facture ou un mode d'emploi par exemple. Dans le cas où le client fait référence à un document écrit, prévoyez d'avoir le document type correspondant pour pouvoir lui expliquer ce qu'il doit faire ou ce qu'il doit trouver en fonction de ce que le client voit dans le document. Dans le cas où il n'existe pas de document de référence en possession du client, il existe un moyen très simple de créer des références visuelles :

Ayez une base de données de photos, de vidéos et de documents explicatifs préparés à l'avance, et envoyez le document qui aidera le client en direct, dans sa boîte e-mail. Par exemple, il ne trouve pas le bouton minuscule de réinitialisation. Envoyez immédiatement la photo de la machine, par mail, et utilisez la photo pour lui expliquer où trouver le fameux bouton de réinitialisation.

S'il est déjà le dixième à poser la question, vous avez toutes les chances de recevoir de nouveaux appels pour la même question : prenez cinq minutes pour créer une photo de la machine sur laquelle vous allez rajouter une flèche qui point sur le bouton en question. Cela vous fera gagner du temps par la suite.

En agissant de cette façon régulièrement, vous allez vous créer une base de données qui va vous faciliter la vie et aidera votre client à mieux comprendre vos explications.

La relation client au téléphone n'est pas une chose facile. Mais la relation client est un élément essentiel de la réussite des entreprises et vous êtes en première ligne pour aider vos clients à apprécier les produits que vous vendez. N'oubliez jamais que vous pourriez être l'un de ces clients, comportez-vous avec eux comme vous aimeriez qu'on se comporte avec vous. Enfin, gardez en tête que dans de nombreux secteurs d'activité, les clients achètent les produits chez un fournisseur non pas parce que les produits sont bien, mais parce que le client aime bien l'entreprise, c'est-à-dire qu'il aime bien le contact avec vous. Avec quelques réflexes de base, vous pourrez entretenir des interactions plus agréables avec vos clients et vous augmenterez leur satisfaction, ce qui aura un impact positif sur les ventes de votre entreprise.

6

AMÉLIOREZ VOTRE SERVICE CLIENT

DÉVELOPPEZ UNE CULTURE CLIENT

Le service client est un axe de différenciation et d'innovation comme un autre

Quand on pense à innovation, on pense généralement à de nouveaux produits, souvent technologiques. Pourtant l'innovation ne se limite à pas à ça et il est aussi possible de se différencier sur les services associés aux produits et services que vous vendez. Cela implique d'avoir une bonne compréhension des profils d'attente client.

Les possibilités de différenciation sur les services associés sont généralement nombreuses et variées. Une société comme Darty peut par exemple insister sur la rapidité et l'efficacité du service après-vente, alors qu'ils vendent les mêmes machines à laver le linge que tous les autres distributeurs. La FNAC a fait sa réputation sur des employés capables de donner des conseils pertinents et qui ne forcent pas la vente. Une compagnie aérienne peut proposer, pour ajouter de la valeur à son vol long-courrier, de vous faire couper les files d'attente, prendre en charge des réservations de voitures de location, avoir la possibilité de prendre une douche à l'arrivée ou tout autre service qui facilite la vie au client, mais ne changera pas fondamentalement le produit principal. En effet, que vous voyagiez en première classe ou en classe éco, dans un même avion, vous partirez et arriverez à la même heure. Ce dernier exemple est en fait une différenciation vers le haut sur les services.

On peut donc également imaginer une différenciation vers le bas pour les services. Justement, le low-cost aérien va supprimer tous les services classiques d'une compagnie aérienne traditionnelle : pas de service à bord, boissons payantes, vente de produits divers et variés comme dans un télé-achat, poids des bagages acceptés inférieur aux compagnies classiques. En fait, on paye le billet d'avion, et l'on paye chaque service supplémentaire. Une différenciation vers le bas sur les services vise les personnes qui sont prêtes à sacrifier des services qu'elles ne jugent pas indispensables pour ne payer que le produit principal. Mais le choix de réduire volontairement les services doit se faire si le prix de vente du produit principal ou du service principal est beaucoup plus bas pour le client. C'est envisageable dans les systèmes compétitifs de volume, dans lesquels le service client est jugé plutôt inutile par le client, et dans lesquels l'avantage de réduire les coûts est durable. Autant dire une situation assez rare.

C'est pourquoi il est plutôt préconisé d'améliorer son service client, plutôt que de le dégrader volontairement, même si la dégradation volontaire peut parfois se justifier. Le service client doit donc être considéré comme un axe de différenciation et d'innovation au même titre que les innovations qui portent sur les produits, ou les innovations marketing. Considérez donc les investissements dans l'amélioration de votre service client comme un investissement qui vous permettra de vous différencier. Prendre le leadership du service client pourrait vous donner un moyen de vous différencier de la concurrence, d'autant qu'il reste de grandes marges de progression dans le domaine.

Les axes d'amélioration importants pour les clients

Des employés heureux et respectés vous permettront d'améliorer quasi automatiquement la qualité du service client grâce au principe de symétrie de l'attention. Toutefois, cette démarche d'amélioration reste rationnelle et repose sur l'identification de facteurs qui pourront avoir un maximum d'influence sur la fidélisation des clients et l'amélioration des chiffres financiers. Il existe plusieurs axes d'amélioration pour un service client, et tous correspondent à des domaines identifiés lors d'études sur les attentes des clients. En supposant que vous avez fait tous les efforts nécessaires pour avoir des employés ultra-motivés, vous n'aurez pas besoin de faire d'efforts pour vous améliorer dans certains domaines : quand les employés sont respectés, ils respecteront d'eux-mêmes les clients. Je ne citerai donc ici que les axes les plus pertinents pour l'amélioration d'un service client quand les clients sont déjà très motivés :

Axe 1 : formez et informez vos employés

Vous l'avez peut-être vécu vous-même : vous discutez avec le conseiller d'une entreprise, et vous vous rendez compte que vous vous y connaissez plus que lui ! Il y a quelque temps, je suis dans une grande enseigne, j'hésite entre deux appareils photo, car je cherche à savoir s'ils incluent une certaine fonctionnalité, mais ce n'est pas marqué sur l'emballage. Je pars à la recherche d'un conseiller pour lui demander si ces appareils photo ont cette fonctionnalité. Le conseiller part sans un mot dans le rayon en question, observe longuement l'emballage des deux appareils photo, pour finalement me dire que ce n'est pas marqué sur l'emballage. Je lui fais remarquer que j'avais déjà moi-même regardé sur les emballages et que c'était pour cela que j'étais venu le voir. Réponse du conseiller « Aucune idée, il faudrait que vous alliez voir sur internet, ici, on n'a pas de connexion, je ne peux pas voir ». Formez vos employés pour qu'ils soient au minimum plus compétents que vos clients. Si vous n'avez pas le temps d'organiser de sessions en présentiel, créez des vidéos.

Axe 2 : améliorez la propreté des lieux dans lesquels se rendent vos clients

Parfois, des locaux sales ne le paraissent pas aux yeux des employés, parce qu'ils ont tellement l'habitude d'y travailler qu'ils s'y sont habitués. Ainsi, les employés d'un restaurant ne font plus attention à ce WC répugnant dans lequel ils laissent pourtant les clients se rendre. De plus, quand bien même ils s'en rendraient compte, ils estiment que la propreté d'un lieu n'est pas directement corrélée avec la qualité des produits ou services vendus par l'entreprise. On peut ainsi, théoriquement imaginer un magasin sale qui vend des produits électroniques très performants. Malheureusement, la perméabilité de la valeur dit que si un client ressent une émotion négative dans le cadre de son expérience client sur un élément qui n'est pas le produit ou service qu'il achète, la valeur du produit ou du service sera fortement dégradée. C'est pour cela que des toilettes sales dans un restaurant vont transformer un restaurant correct en un restaurant à éviter.

Axe 3 : raccourcir les délais pour les clients

Si vous voulez un axe d'amélioration prioritaire pour votre service client, la réactivité est probablement un bon point de départ parce que c'est une des deux attentes des clients qui a le plus d'impact sur la fidélité. Tout d'abord donc, faites-en sorte que le service client soit rapide à joindre et ensuite, résolvez les problèmes des clients le plus rapidement possible. En effet, comment vous sentez-vous quand vous appelez un service client et qu'un robot vous annonce que vous avez entre dix et vingt minutes d'attente ? Tout ce qui peut accélérer la résolution d'un problème est bénéfique. Essayez de diminuer la durée d'interaction le plus possible. Par exemple, au téléphone, c'est la durée entre le moment où le client a composé le numéro de l'entreprise, et le moment où il a raccroché.

Axe 4 d'amélioration : régler le problème dès la première fois

Dans le cas où le client doit vous contacter plusieurs fois pour résoudre son problème, le temps durant lequel le client attend entre sa demande et la réponse va avoir une influence sur sa perception de la qualité du service après vente. Par exemple, s'il faut cinq jours entre chaque échange de mail entre clients et service client, cela prendra par exemple un mois plein pour résoudre tous les problèmes, et cela risque de paraître très long pour le client. S'il faut 24 heures entre chaque échange de mails, le problème sera résolu en moins d'une semaine : du point de vue du client, ce n'est pas du tout pareil !

Axe 5 : facilitez la vie au client

Aujourd'hui nous essayons tous d'économiser ce que nous avons de plus précieux, plus encore que l'argent : le temps. Et c'est pourquoi le service client idéal doit tout rendre facile pour le client. La facilité est l'une des deux attentes client qui ont le plus d'impact sur la fidélité des clients et l'augmentation du chiffre d'affaires. Ce besoin de facilité qu'ont les clients est devenu un élément majeur dans la réussite des entreprises. C'est sur cette base que se fait la réussite de start-ups qui développement des services qui existaient déjà par ailleurs, et dont le seul avantage est de rendre le service plus simple. Par exemple, il est plus facile de se faire livrer un repas à domicile par un livreur à vélo plutôt que se déplacer dans un restaurant pour aller chercher ce même repas.

En conclusion, si vous voulez créer de la fidélité et augmenter vos chiffres, améliorez la qualité de votre service client : formez vos employez, prenez en compte le principe de perméabilité, raccourcissez tous les délais d'attente, réglez les problèmes dès la première fois et facilitez à tout prix la vie de vos clients, pas la vôtre. Ensuite, pour progresser, vous devrez mettre en place des normes pour mesurer les progrès que vous allez faire.

Construire une culture focalisée client

Améliorer le service client est important, mais c'est une mission quasiment impossible si votre entreprise ne met pas les clients au centre de la réflexion. En effet, beaucoup d'entreprises mettent beaucoup d'énergie à développer des technologies, des produits hypersophistiqués, et oublient qu'il faut des clients. C'est une erreur assez commune, en particulier chez des sociétés plutôt jeunes et créées par des personnes qui ont essentiellement des compétences techniques. Dans le principe, concentrez-vous toujours sur les clients plutôt que sur les objectifs internes. Chaque fois que vous prenez des décisions, demandez-vous ce qu'en penserait le client. Cela fait des années qu'Amazon est dans le palmarès des sites internet préférés. Certes, Amazon fait partie des sites les plus agréables pour faire des achats, mais c'est aussi l'entreprise où la satisfaction client est une obsession. Lorsqu'il organise une réunion, Jeff Bezos, le fondateur d'Amazon, laisse souvent une chaise vide : la place du client. Les managers doivent s'imaginer qu'ils parlent non seulement à leur patron, mais aussi au consommateur final. Dans les centres d'appel d'Amazon, on part du principe que le client a toujours raison face à l'entreprise quand il se plaint et, le plus souvent, Amazon rembourse sans poser de questions. Pour satisfaire et fidéliser les clients, tous les détails comptent : le temps de livraison, mais aussi le temps de chargement des pages internet. Et pour les clients mécontents, des centres d'appels dans lesquels tous les tops managers du groupe, Jeff Bezos compris, passent deux jours par an à répondre aux clients. Imaginer que le PDG d'Amazon passe deux jours par an donne d'abord une leçon d'humilité, et ensuite, illustre l'importance considérable de mettre le client au centre de ses préoccupations. Je ne prends probablement pas trop de risque en disant que votre entreprise fait probablement moins pour ses clients que ne le fait Amazon, et que dans le même temps, votre entreprise a également moins de succès qu'Amazon. Vous n'êtes bien sûr pas Amazon, mais cherchez toujours une façon de faciliter la vie au client, de lui rendre tout plus simple. N'hésitez pas, comme Jeff Bezos, à aller à la rencontre des clients et vous confronter à la réalité. C'est là que vous trouverez des idées. Vous pouvez aussi solliciter vos clients en mettant en place des « boîtes à idées ». N'ignorez aucune idée, même si elle vous paraît dérisoire : changer la poignée des toilettes d'un restaurant pour une poignée qui s'ouvre avec le coude ne coûte rien, mais crée de la valeur pour le client.

Vos clients doivent devenir une obsession, et quand cela sera le cas, on pourra dire que vous avez une entreprise focalisée client.

Symétrie de l'attention

Comment avoir les employés du service client les plus motivés ? Un principe très simple à suivre est celui qui repose sur la Symétrie des attentions.

« La Symétrie des attentions pose comme principe fondamental que la qualité de la relation entre une entreprise et ses clients est symétrique de la qualité de la relation de cette entreprise avec l'ensemble de ses collaborateurs ».

Certaines grandes entreprises l'ont bien compris, par exemple Richard Branson, le fondateur de Virgin, dit : « Si vous prenez soin de vos employés, ils prendront soin de votre entreprise ». Herb Kelleherex, PDG de SouthWest Airlines nous dit, je cite : « Si les employés viennent en premier, alors ils sont heureux... Un employé motivé traite bien le client. Un client satisfait revient, ce qui fait des actionnaires heureux. C'est juste la façon dont cela fonctionne ». Enfin, dernière citation, de Jack Welchex PDG de General Electric : « Il n'y a que trois mesures qui vous disent presque tout ce que vous devez savoir sur la performance de votre organisation : engagement des collaborateurs, la satisfaction client et le cash flow ! ».

Et ne vous y trompez pas, la réputation de votre entreprise est aujourd'hui accessible à tous sur des sites comme Glassdoor ou Indeed. Les critères d'évaluation, notés sur 5, portent sur : la Culture et les valeurs ; l'Équilibre travail/vie privée ; les Dirigeants ; la Rémunération et les avantages, et les Opportunités de carrière.

Imaginez que vos futurs employés potentiels, en faisant une recherche sur votre entreprise, trouvent des dizaines d'avis, tels que l'avis réel suivant, que j'ai trouvé sur l'un des sites :

- Vie privée inexistante (70 à 80 h par semaine, travail demandé le Week-End), environnement de travail stressant, aucune reconnaissance de la hiérarchie
- Points positifs : salaire
- Points négatifs : le reste
- Note globale 2 sur 5.

En conclusion : prenez soin de vos employés, vous attirerez les meilleurs talents et votre service client s'améliorera quasi automatiquement.

Utiliser les informations du service client pour améliorer les produits et pour améliorer le fonctionnement des autres départements de l'entreprise

Un service client efficace n'est pas seulement une réponse aux problèmes des clients. C'est aussi une source de création de valeur parce que les informations collectées vont pouvoir être utilisées par d'autres personnes dans l'entreprise.

Ces informations vont pouvoir être utilisées par la direction stratégique qui doit décider si elle maintient ou arrête certains produits dans son portefeuille d'activité. Par exemple, si des produits vendus dans l'entreprise ne correspondent pas bien aux attentes des clients et que de nombreux concurrents proposent de meilleurs produits, la direction stratégique doit décider si elle se retire de ce secteur d'activité ou si elle investit pour améliorer les produits.

Ces informations vont pouvoir être utilisées par la R&D pour établir des cahiers des charges en se basant sur une réalité du terrain plutôt que de se focaliser sur les technologies et les savoir-faire. Cela permettra d'augmenter les chances de succès en cas de lancement de nouveaux produits et surtout, la connaissance des attentes des clients permettra de faciliter l'innovation dans l'entreprise.

Ces informations vont pouvoir être utilisées par le marketing qui pourra faire les ajustements nécessaires sur les offres et produits vendus. Par exemple, à une époque, une source d'insatisfaction courante des utilisateurs des banques était la plage d'ouverture horaire, identique aux horaires de travail des clients. Rencontrer son conseiller bancaire voulait dire prendre une demi-journée de congé. Heureusement, les banques ont modifié leurs horaires pour résoudre ce problème. Ces informations vont pouvoir être utilisées par le service commercial qui, sachant les points faibles du produit, pourra éventuellement prévenir le client pour qu'il n'ait pas de déception. Ainsi, les informations collectées par le service client vont être utiles pour améliorer la qualité des produits et services de l'entreprise et vont permettre d'améliorer l'efficacité des services marketing et commercial. Le problème est que beaucoup d'entreprises fonctionnent dans une logique de centre de profit et ces entreprises considèrent que le service client doit dégager un bénéfice. Ce bénéfice vient des contrats d'extensions de garanties, des contrats de maintenance, des frais lors des appels téléphoniques des clients ou encore de la vente de pièces détachées. Quand les produits vendus par l'entreprise ne sont pas très chers, les clients estiment que le coût du service client devrait être bas, d'autant que les clients appellent le service client quand ils sont déjà insatisfaits. Si le coût pour le client est élevé, en temps, en énervement ou en argent, le client finira par quitter son fournisseur habituel. Le service client ne peut pas être traité comme un centre de profit indépendant du reste, car il impacte les autres activités.

Il y a plusieurs façons de récupérer des informations.

1. Premièrement, vous pouvez envoyer les cadres supérieurs et dirigeants sur le terrain. Peut-être avez-vous vu la téléréalité dans laquelle des dirigeants d'entreprises se font passer pour un nouvel employé et fait le travail au plus bas de l'échelle. Ce qui paraît étonnant quand on a vu ce programme, c'est à quel point le chef d'entreprise était mal informé et coupé des réalités. En une semaine sur le terrain, il apprend plus que durant les deux dernières années, il résout des problèmes majeurs dont il ne connaissait même pas l'existence.

2. Deuxièmement, vous pouvez faire des enquêtes ou des sondages par mail : il existe des logiciels en ligne qui vous permettent de faire cela facilement. On pourra noter Google Form qui est gratuit.

3. Troisièmement, vous pouvez faire des enquêtes en face à face, et vous pourrez vous aider d'application sur tablette comme Survey plutôt que d'utiliser du Papier

4. Quatrièmement, vous pouvez envoyer des clients mystères, des personnes qui jouent le rôle d'un client, mais notent un certain nombre de critères. Mais vous pouvez également imaginer de faire jouer le rôle du client mystère à un manager, en particulier s'il n'est pas connu au service client qu'il va tester.

5. Cinquièmement, lisez ce qui se dit sur les réseaux sociaux sur votre entreprise : twitter, facebook, instagram et autres

forums (si du moins on parle de votre entreprise sur les réseaux sociaux)

Si vous voyez que les remarques que les gens laissent concernant votre hôtel sont :

« Climatisation en panne, moquette sale, couloirs immondes, personne n'a dû nettoyer depuis des mois. », il y a deux possibilités : soit vous ne le saviez pas, et il faut résoudre le problème dans la journée parce que c'est important, soit vous le saviez, mais vous avez décidé que ce n'est pas grave, car cela vous permet de baisser les coûts.

Si c'est la première possibilité qui vous correspond le mieux, et que vous n'étiez pas au courant, peut-être que si vous alliez dormir dans vos propres hôtels de temps en temps, vous sauriez ce qu'il s'y passe. Sachez que tout le temps que vous pensez perdre à être sur le terrain, que vous soyez chef d'entreprise ou au top management, sont en réalité du temps gagné et des économies à venir.

AMÉLIOREZ LE SERVICE CLIENT

Luttez contre les erreurs du multitâche

Parfois, les interactions avec les clients sont inefficaces. Par exemple, vous arrivez dans un hôtel, et votre chambre n'est pas prête. Le réceptionniste vous dit « elle sera prête dans 30 minutes, je vous préviens dès qu'elle sera libre ». Vous vous installez dans un fauteuil, en face de l'accueil, à trois mètres et vous attendez. Au bout de 45 minutes, n'ayant toujours pas de nouvelle, vous vous levez et allez vous renseigner, et le réceptionniste vous dit : « ah oui ! Votre chambre est prête depuis 20 minutes ». C'est une situation décevante qui vous fait perdre du temps sans raison.

C'est parce que les employés sont distraits par beaucoup d'autres tâches à accomplir et quand on fait plusieurs choses à la fois, on peut oublier ce qu'il y a d'important.

Ce problème est lié au multitâche. Lorsque vous êtes concentré, les côtés gauches et droits de votre cerveau travaillent ensemble. Mais quand on fait plusieurs choses à la fois, les côtés gauches et droits fonctionnent séparément. Vous avez sûrement l'impression de faire deux choses simultanément ou plus, mais en réalité vous basculez d'un côté à l'autre de votre cerveau et cette bascule fait perdre du temps : cela prend jusqu'à 40 % plus longtemps de faire deux choses en même temps que de faire ces deux choses séparément, l'une après l'autre. Par ailleurs, la bascule d'une tâche à l'autre engendre plus d'erreurs parce que la partie de votre cerveau dédiée au raisonnement a du mal à suivre ces changements thématiques permanents. De plus, le multitâche nuit à la mémoire court terme : il suffit de savoir qu'il y a un e-mail non lu dans votre boîte électronique pour abaisser transitoirement le QI professionnel de 10 à 15 points. Gardez en tête que le multitâche diminue l'efficacité au travail et que cela a des conséquences négatives sur le professionnalisme de votre service client. Or, il est parfois nécessaire de mener plusieurs choses de front, en particulier quand on est sollicité par plusieurs clients. Dans ce cas, comment résoudre le problème du multitâche ?

Première règle : quand vous interagissez avec un client, focalisez-vous sur sa demande et seulement sur sa demande. Ne prenez aucune nouvelle demande tant que votre première interaction n'est pas complètement terminée : résolvez le problème de votre client avant de passer au suivant. Si un client insistant vous interroge, dite « je suis à vous dans quelques instants »

Deuxième règle : quand vous avez fini d'interagir avec un client, avant de passer aveuglément au suivant : regardez ce qui passe autour de vous pour établir un ordre de priorité. Par exemple, dix personnes attendent dans la file d'attente qui s'est créée devant votre guichet. Vous voyez que la neuvième personne qui attend est une femme très enceinte. Elle doit devenir une priorité, car la station debout est pénible pour elle : vous lui proposez de couper la file d'attente et vous la servez en priorité. Non seulement cette femme appréciera, mais les autres personnes présentes pourront également apprécier le geste et cette situation aura une bonne influence sur l'image de votre entreprise. Gardez donc en tête que vous devez régulièrement hiérarchiser les priorités.

Troisième règle : quand vous devez obligatoirement jongler avec des tâches différentes, utilisez des timers. Je m'explique : quand vous faites plusieurs choses à la fois, vous devez accepter que vous ne soyez pas capable de mener correctement autant de tâches menées de front. Reprenons l'exemple de la réception de l'hôtel qui oublie de vous dire que votre chambre est libre. Le réceptionniste aurait pu noter sur un post-it « vérifier si la chambre est libre » et le coller sur un timer réglé sur dix minutes. Au bout de dix minutes, le timer sonne : le réceptionniste vérifie si la chambre est libre. Première possibilité, c'est le cas, dans ce cas, elle prévient le client. Deuxième possibilité, ce n'est pas encore le cas, elle relance le timer pour dix minutes et dit immédiatement au client « votre chambre n'est pas encore disponible, je vous tiendrai informé dans dix minutes ». Cette méthode peut paraître laborieuse, mais elle permet de ne se focaliser que sur une chose à la fois, car ce sont les timers qui gardent la mémoire de ce qui doit être fait et à quel moment. Il existe même des logiciels de timers multiples dans lesquels on peu écrire une ligne de commentaire, ce qui est encore plus pratique que les post-its. Vous trouverez des applications mobiles que vous pourrez trouver en cherchant les mots-clés « multi-timer ».

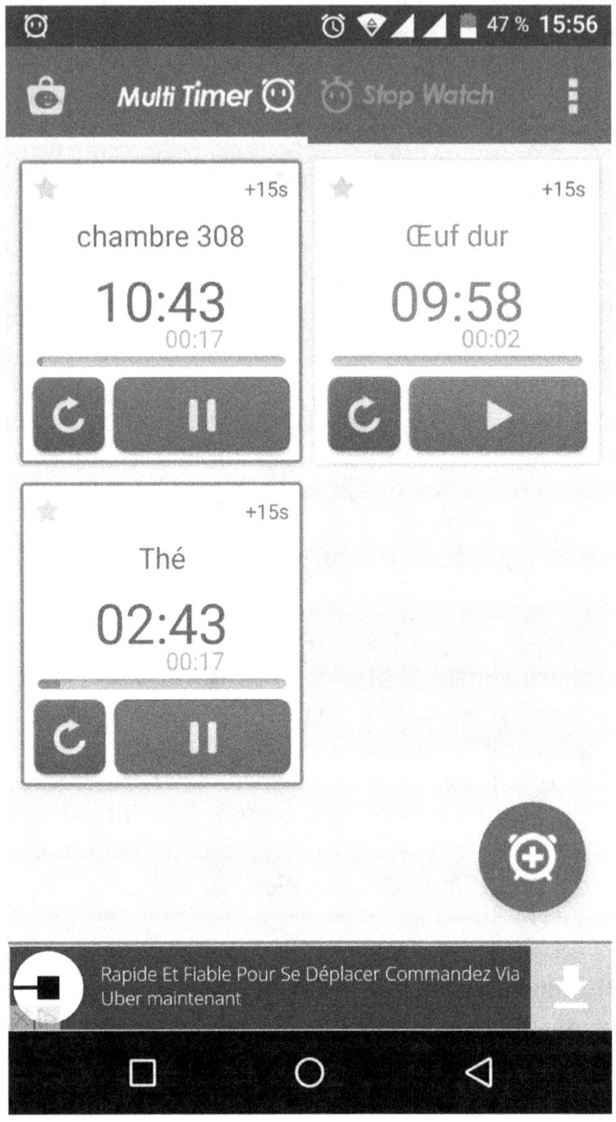

Conclusion : pour éviter les conséquences négatives du multitâche qui aboutit à des erreurs, à une baisse d'efficacité et à un aveuglement face aux priorités : ne vous focalisez que sur un seul client et, si ce n'est pas possible, utilisez des timers multiples pour vous décharger l'esprit, vous y gagnerez beaucoup en efficacité et cela vous demandera moins d'efforts.

Gérez correctement les données des clients

Comment transformer un client neutre qui appelle le service client, en un client furieux et particulièrement mécontent ? C'est très simple, il suffit de lui faire perdre inutilement beaucoup de temps. Et c'est ce que font de nombreux services client.

Un opérateur téléphonique connu semble avoir donné des instructions pour que les conversations téléphoniques ne durent pas plus de six minutes ; la conversation téléphonique est automatiquement stoppée. En effet j'appelle la première fois, pour un problème mineur, confiant. J'explique la situation bien en détail, mais avant même que la personne du service client ne puisse m'aider, la conversation téléphonique est interrompue. Suivront une deuxième, un troisième, un quatrième et un cinquième appel : et pour chacun, il a fallu que j'explique de nouveau tout depuis le début en parlant de plus en plus vite et en résumant le plus possible, en espérant que le temps de traitement serait suffisant avec que la conversation ne soit interrompue. Cette situation caricaturale, bien que réelle, illustre les choix malavisés ou les problèmes techniques des services clients. Pourquoi, par exemple, demander au client de rentrer son numéro de client sur son clavier et terminer par #, si c'est pour que la première question posée par l'interlocuteur du service client soit : « pourriez-vous me donner votre numéro de client ? ». C'est insensé. Un bon service client se doit d'avoir une base de données de suivi de l'interaction avec ses clients.

Pour cela, inutile d'avoir un logiciel perfectionné : un carnet d'adresses tout simple. Vous inscrivez : le nom, le prénom, éventuellement un numéro client. Et dans les commentaires, vous notez la date d'appel du client, le numéro de sa commande et ce qu'il a raconté. Si le logiciel n'a pas besoin d'être perfectionné, il y a une obligation, c'est que toute personne susceptible de répondre aux clients ait accès à la même base de données, mise à jour. Honnêtement, à quoi cela sert d'avoir des logiciels ultra-sophistiqués pour ensuite devoir dire aux clients : désolé, nos logiciels ne sont pas connectés entre différents services. Une fois que le problème de la centralisation de l'information et en temps réel, est réglé, vous pourrez utiliser des logiciels qui proposent des gadgets plutôt utiles : par exemple, la suggestion des meilleures solutions à proposer au client, ou encore un logiciel qui profite de l'interaction avec le client pour lui proposer des produits complémentaires qui pourraient l'intéresser.

Votre première priorité est d'avoir une bonne traçabilité de toutes les informations qui sont données par vos clients pour que chaque employé en interaction avec un client difficile puisse avoir une vision précise des interactions passées et de l'historique des problèmes rencontrés. Ainsi, un client qui entre en contact avec le service client ne doit pas avoir à raconter son problème plusieurs fois. Et quand il rappelle plusieurs fois, il ne devrait pas non plus avoir à faire un historique de son ou ses problèmes : tout devrait être centralisé pour que son effort soit minimal.

Faites-vous comprendre des clients

Une des raisons les plus courantes de l'insatisfaction des clients vient d'un problème de communication. Le préalable indispensable pour un service client efficace est d'être capable de s'exprimer clairement. Cela est très important surtout si vous devez discuter avec des clients insatisfaits. En effet, comme l'insatisfaction génère l'irritation et même parfois la colère, la concentration et la patience des clients est très faible. Il va donc falloir avoir une communication efficace.

Certaines erreurs classiques sont à éviter absolument et voici maintenant quelques règles simples à suivre quand vous devez expliquer quelque chose qui peut parfois être complexe.

1) Première règle : soyez simple dans vos formulations. Une personne stressée ou énervée n'est pas attentive. Parlez dans un langage courant qu'un enfant 14 ans pourrait comprendre. Il ne s'agit pas de prendre les clients pour des idiots, mais d'utiliser des formulations faciles à comprendre. Si un script vous a été donné par l'entreprise et que vous l'avez trouvé compliqué à comprendre la première fois que vous l'avez lu, c'est que ce texte est inadapté pour vos clients. Ne le lisez donc pas bêtement et reformulez-le de façon à ce qu'il soit facile à comprendre.

2) Deuxième règle : supprimez le jargon de vos explications. Il ne s'agit pas de simplifier le message, mais de le rendre compréhensible. Le jargon, c'est-à-dire tout le vocabulaire spécifique à votre métier, a toutes les chances de ne pas être connu de votre client. Si jamais vous êtes obligé d'utiliser un mot technique que le client pourrait ne pas comprendre, expliquez-le. Par exemple, si vous dites « votre contrat prévoit des intérêts moratoires », il y a toutes les chances que la grande majorité de vos clients ne comprennent pas. Vous avez intérêt à dire plutôt « votre contrat prévoit des intérêts moratoires, c'est-à-dire des intérêts de retard que vous ne pouvez pas récupérer ». Cela permettra au client de comprendre de quoi vous lui parlez, sans quoi, il risque d'avoir l'impression que vous faites exprès de ne pas vous faire comprendre ; et c'est ce qu'il peut arriver de pire, c'est que votre client pense que vous vouliez qu'il ne comprenne pas.

3) Troisième règle : Si vous devez donner des instructions, leur complexité peut être un frein à la compréhension : vous devez respecter **la règle de la linéarité**. Cette règle de communication repose sur le principe suivant : un client ne doit pas avoir à attendre une explication que vous donnerez en 30 secondes pour comprendre ce que vous lui racontez. Il faut toujours aller d'une information connue du client pour expliquer quelque chose d'inconnu et jamais le contraire. Par exemple, vous ne pouvez pas dire : « vous devez décocher l'option partage d'écran dans l'onglet "AFFICHAGE", et vous trouverez cet onglet dans le menu PARAMÈTRES que vous trouverez en bas de la page d'accueil. » En effet, vous obligez le client d'attendre l'expression « en bas de la page d'accueil » pour être capable de commencer la procédure, or, le client ne peut pas retenir toutes les informations que vous lui avez données précédemment. Vous devez donc dire ça de la manière suivante : « En bas de la page d'accueil, vous trouverez le menu PARAMÈTRE. Vous devrez cliquer dessus pour faire apparaître l'onglet AFFICHAGE. Une fois que l'onglet AFFICHAGE est apparu, vous devez décocher l'option « partage d'écran ». Pour faciliter encore la compréhension, vous ne devez donner qu'une seule instruction à la fois et laisser le temps au client de suivre l'étape que vous lui décrivez. Attendez patiemment que le client termine avant de poursuivre. À chaque nouvelle étape : répétez ce qui vient d'être fait à l'étape précédente. Avec cette organisation des informations, le client qui suit la procédure est bien sûr qu'il est à la bonne étape et qu'il n'a pas raté quelque chose. Cette façon de communiquer prend un peu plus de temps, mais permet en réalité de gagner du temps parce que cela évite d'avoir à répéter de nombreuses fois la même chose. Par conséquent, si vous gérez une équipe, ne mettez pas la pression sur vos employés pour qu'ils répondent le plus vite possible, mais focalisez-vous sur la qualité et la satisfaction des clients.

4) Quatrième règle : vous ne devez jamais faire preuve de familiarité et encore moins de vulgarité. Les clients sont ceux qui vous donnent de l'argent ! Vous devez les respecter. S'ils n'ont pas compris quelque chose, il est insupportable d'entendre. « Vous ne comprenez rien, je viens de vous expliquer déjà trois fois comment faire ». Si le client ne comprend pas, ce n'est pas sa faute : c'est entièrement de votre faute et c'est à vous de vous faire comprendre.

En conclusion, respectez les clients, ils vous font vivre ; restez simple dans vos formulations, évitez le jargon et respectez le principe de linéarité : suivez bien la chronologie dans les procédures sans oublier de bien répéter au début de chaque étape d'une procédure, le résultat de la fin de la procédure précédente.

Tenez les promesses faites par le marketing

À votre avis, qu'est-ce qui a le plus de chance de motiver un client à appeler un service client ? C'est très simple : votre entreprise a promis quelque chose, et la promesse n'est pas tenue. Par exemple, un client vous a contacté et vous lui promettez de répondre dans les 48 h. Mais au bout de 72h, pas de signe de vie. Il y a de fortes chances que le client appelle pour savoir pourquoi il n'a pas été contacté. Vous êtes distributeur de matériel électronique et un client dépose un téléphone mobile qui ne fonctionne pas et on lui promet qu'on va l'appeler dès que le problème est résolu. Le client s'attend probablement à avoir un appel dans les deux ou trois semaines qui suivent. Un mois et demi plus tard, toujours aucun signe de vie. Il appelle et vous n'avez pas la moindre idée du délai que cela prendra. Vous n'avez d'ailleurs aucune information à lui donner, car il faut que vous appeliez le fournisseur pour vous renseigner. De toute bonne foi, vous n'êtes pas responsable dans ce cas-là. Mais vous auriez pu décider, en tant que responsable du service client, que deux semaines est un délai maximal à attendre et programmer un rappel automatique indiquant qu'il faut appeler le fournisseur, savoir où en est le dossier et, soit rappeler le client pour lui dire où ça en est, soit lui envoyer un mail ou un SMS.

Je vous encourage à analyser les arguments marketing utilisés par votre entreprise : que promet-elle ? Analysez les promesses sur les délais, la qualité, la fiabilité. Comparez ensuite toutes ces promesses à la réalité. Si vous constatez des incohérences, attendez-vous à avoir des clients insatisfaits. Dans ce cas, contactez votre hiérarchie pour résoudre le problème. Soit il faut modifier les produits et les processus de l'entreprise pour qu'ils correspondent aux promesses, soit il faut modifier les promesses. Dans tous les cas, pour diminuer le nombre des clients qui contactent le service client, il faut une bonne adéquation entre les promesses commerciales et la réalité des produits ou services délivrés.

AMÉLIOREZ L'EFFICACITÉ DE VOTRE ÉQUIPE

Les lacunes de votre équipe doivent être compensées

Votre équipe n'a pas vraiment besoin d'être formée. En tout cas, en théorie... En réalité, on note de nombreuses lacunes dans les compétences qu'on peut constater dans divers services clients. Pourquoi ?

Première raison : les employés ont un manque de recul sur l'activité de l'entreprise et ne comprennent pas le sens de leur action. Ils n'ont pas vraiment compris les enjeux. Dans ce cas, vous devez organiser une petite formation pour expliquer l'objectif de votre service client et en expliquer les conséquences à long terme.

Deuxième raison : votre équipe pense qu'en agissant comme on le ferait dans la vie de tous les jours, comme avec leurs voisins ou voisines, ça suffit bien assez. Ils n'ont d'ailleurs peut-être jamais été vraiment formés à répondre à des demandes de clients et improvisent peut-être en fonction de leur caractère.

Troisième raison : il y a un gros turnover dans votre équipe, ou bien vous faites régulièrement appel à des saisonniers ou à des contrats à courte durée. Dans ce cas, vous allez devoir uniformiser les pratiques et former chaque nouvelle personne pour ne pas avoir de mauvaise surprise.

En conclusion, vous allez devoir concevoir un programme de formation spécifique pour tous ceux qui travaillent dans votre service client. Cela peut prendre plusieurs formes : des vidéos si vous avez beaucoup de turnover ; des réunions s'il y a juste quelques recadrages à faire, des formations présentielles s'il faut former une équipe stable qui bougera peu.

Trois erreurs des managers à éviter

En général, on n'aime pas trop être dirigé, mais diriger une équipe est plutôt difficile, et en particulier, il est parfois difficile de motiver son équipe. Quand vous gérez une équipe, il y a trois erreurs à éviter pour ne pas démotiver l'équipe.

Première erreur, vouloir tout contrôler.

Étant donné le nombre d'interactions avec les clients, vous ne pouvez pas tout contrôler. Laissez au contraire vos collaborateurs gérer certaines choses d'eux-mêmes, et, allez plus loin encore et sollicitez-les pour des suggestions sur des choses que vous voulez mettre en place

Deuxième erreur : vouloir faire de l'individuel en collectif. Si vous êtes furieux contre un collaborateur en particulier, ou si vous avez besoin de lui faire un retour d'information particulier, évitez de le faire en présence d'autres personnes, lors d'une réunion ou devant la machine à café, et encore moins devant des clients. En effet, chacun de vos collaborateurs a besoin de défendre une certaine image de soi et des attaques en public lui feraient perdre la face, ce qui va forcément le démotiver. Soyez donc patients et acceptez de temporiser quand vous voulez réagir : faites-le dans un cadre personnel, en dehors de tout témoin. De plus, votre collaborateur vous sera reconnaissant de ne pas lui faire subir une humiliation devant les autres, que votre remarque soit justifiée ou pas.

Troisième erreur : ne pas donner les moyens de réussir. Avoir de bonnes conditions de travail n'est peut-être pas la motivation principale pour un travail, mais cela peut facilement améliorer la satisfaction. Fournissez tout le matériel indispensable pour bien gérer les demandes des clients. Récemment, une personne au service client d'une entreprise me disait qu'elle ne pouvait pas accéder à son ordinateur et qu'elle devait aller chercher la fiche papier correspondant à mon dossier. Ce n'est pas grave, mais cela rajoute du temps de traitement.

En conclusion : s'il le faut, battez-vous auprès de la direction générale pour obtenir le matériel qui permettra à votre équipe d'avoir les moyens techniques de remplir sa mission.

L'autonomie dans la motivation

L'autonomie est le désir de gérer nos vies comme nous le désirons. Or le système managérial classique est plutôt basé sur l'obéissance : on nous dit quoi faire et comment ; et il nous faut obéir. Toutefois, si vous voulez une équipe motivée et activement engagée dans le développement commercial, il va falloir laisser à vos collaborateurs une certaine autonomie.

Comment créer cette autonomie dans votre équipe ? Tout d'abord, laissez vos employés du service client décider d'eux-mêmes de la durée adéquate de l'interaction avec le client. Ne leur imposez pas une durée standard. Ce n'est pas parce que l'interaction dure en moyenne trois minutes par client, que vous devez imposer un maximum à quatre minutes. Laissez cette liberté de temps à votre équipe.

Concernant la façon d'interagir avec les clients : certains de vos collaborateurs sont plus empathiques que d'autres. Il est probable que vous n'interagiriez pas avec le client exactement comme eux, mais en dehors d'un certain nombre de phrases imposées, laissez la liberté à vos collaborateurs de décider de certains éléments d'eux-mêmes. Par exemple, un de vos collaborateurs arrive à résoudre tous les problèmes des clients et leur rendre le sourire, mais il n'arrive pas à utiliser le logiciel de centralisation des informations en même temps. Il perd donc du temps pour remplir la fiche client à la fin. Est-ce bien la peine de le maltraiter pour l'obliger à remplir la fiche pendant l'interaction avec le client ? Peut-être que c'est le logiciel qui n'est pas ergonomique ? Mais surtout, peut-être que c'est le fait de ne pas écrire en même temps qu'il parle à un client qui fait le succès de ce collaborateur ?

Ainsi, acceptez parfois certaines variations dans la technique ou les modes de fonctionnement normalement utilisés : tout le monde ne doit pas forcément faire exactement la même chose, à condition que ça marche.

Maintenant, concernant le travail en équipe. Il se trouve que, je donne des cours dans des écoles de commerce dans lesquelles il est obligatoire de travailler en groupe même si l'on déteste cordialement les autres personnes du groupe. Cela ne se passe jamais bien, et c'est le travail qui en pâtit. N'imposez pas à vos collaborateurs de travailler avec telle ou telle autre personne, si elles ne s'apprécient pas, cela ne peut que mal se passer. Si vous voulez les faire travailler en groupe, laissez-les choisir avec qui ils veulent travailler, et si un de vos collaborateurs préfère travailler seul, ne l'obligez pas à faire quelque chose qu'il jugera comme une punition ou une corvée, ce qui va bien sûr beaucoup le démotiver.

En conclusion, laissez une certaine autonomie à vos collaborateurs même s'il est nécessaire de donner des règles et des étapes clés à respecter dans l'interaction avec les clients. Il est normal que tous ne fassent pas exactement ce que vous auriez fait vous-même dans les mêmes conditions.

La maîtrise dans la motivation

La maîtrise, c'est le désir d'être toujours meilleur dans une activité donnée. Or une caractéristique du monde de l'entreprise c'est la façon dont la maîtrise est ignorée. La maîtrise correspond à ce qu'on appelle une « expérience autotélique, du grec AUTO (soi) et TELOS (but ou objet), c'est-à-dire une expérience dont le but est l'activité en tant que telle. Les activités sportives ou artistiques en sont un bel exemple, et ce sont d'ailleurs les expériences les plus satisfaisantes. Mais pour atteindre cet état de satisfaction, il faut que les objectifs soient bien définis. La récompense tout comme la satisfaction sont alors immédiates. De plus, durant les expériences autotéliques, il est important que le rapport entre ce qu'une personne doit faire et ce qu'elle peut faire corresponde parfaitement. Dans le monde professionnel, certaines entreprises ont commencé à créer un environnement de travail permettant aux salariés d'accéder à la maîtrise de leur activité, et c'est un des éléments majeurs dans l'expérience autotélique est la satisfaction immédiate. Ainsi, plutôt que de procéder à un entretien annuel d'évaluation avec vos collaborateurs, vous pouvez organiser des entretiens six fois par an, d'une durée d'une heure et ne portant que sur la façon d'améliorer ses compétences et son efficacité. Cela augmentera la maîtrise, et peut-être les collaborateurs qui auront le plus progressé arriveront-ils à un stade d'expérience autotélique, c'est-à-dire que l'action de vendre deviendra un plaisir en soi. Les entreprises qui veulent utiliser l'expérience autotélique s'appuient sur deux axes.

1) Premier axe, les tâches à réaliser sont équilibrées : les problèmes à résoudre ne sont ni trop faciles, ni trop difficiles. En effet, au travail,

une source de frustration courante vient du décalage entre ce que vos collaborateurs doivent faire et ce qu'ils sont capables de faire. Quand vous demandez à vos collaborateurs de faire des choses qui dépassent leurs capacités, cela engendre de l'anxiété. Par exemple, si vous demandez à un collaborateur qui n'a jamais eu à faire avec des clients très difficile de se débrouiller seul et que vous redirigez les clients les plus difficiles vers lui, ce sera très démotivant. Alors, comme on ne sait pas exactement si un client sera difficile ou pas avant qu'on ne commence à discuter, si vous voyez un client difficile, venez aider votre employé ! En plus, vous lui donnerez l'exemple de ce qu'il faut faire ou pas.

2) Deuxième axe : pour favoriser l'état d'expérience autotélique, il faut permettre à votre équipe d'organiser elle-même son travail (ou organiser au moins une partie de son travail) de manière à ce que des tâches qui seraient rébarbatives deviennent acceptables. Et cela semble marcher même pour des métiers à faible autonomie : par exemple, cette approche a été mise en place pour les techniciens de surface dans un hôpital. Au lieu de se contenter de faire le minimum, ils ont pris l'initiative de discuter avec les patients et ont décidé de faciliter le travail des infirmières. Cela leur apportait une plus grande satisfaction et une meilleure image d'eux même. Si vous avez décidé qu'il y aura une réunion par semaine avec tous les collaborateurs, peut-être serait-il bon de leur laisser décider de l'heure et du jour et leur permettre d'ajouter un ordre du jour de leur choix à chacune des réunions, plutôt que d'imposer une réunion tous les vendredis à 17 h et pour être sûr qu'aucun collaborateur ne prendra la liberté de finir un peu plus tôt sa semaine. En termes de motivation, c'est très discutable.

La motivation de votre équipe est tellement importante pour que celle-ci fasse correctement son travail, que si vous pouviez créer des conditions de travail qui créent une expérience autotélique, votre travail de manager en serait très fortement facilité.

La finalité et la motivation

La finalité est le désir de faire des choses dont l'enjeu représente plus que le seul fait de gagner de l'agent pour vivre. Les personnes les plus motivées sont autonomes et arrivent à expérimenter un état autotélique, mais elles ont en plus un objectif à atteindre qui les dépasse. Or, dans le cadre d'une entreprise, il semble difficile de trouver une finalité qui puisse motiver, du moins si l'on ne travaille pas dans une association à but humanitaire. Or, si l'on parle d'associations à but humanitaire, on sait qu'il y a des bénévoles : la rémunération n'est donc clairement pas un critère explicatif de la motivation. La motivation par la rémunération, bien que très puissante, et en particulier auprès de collaborateurs, ne suffit pas toujours. Donner du sens à l'action des collaborateurs, c'est trouver la réponse à la question « pourquoi je me lève le matin pour aller travailler dans mon entreprise ? ». Certes, c'est pour gagner son salaire, mais cela ne peut pas se limiter à ça. Inconsciemment, nous aimons tous faire des choses qui comptent et les entrepreneurs qui réussissent cherchent à proposer des choses différentes plutôt que juste « faire du profit ».

Un élément clé de votre travail est d'être sûr que la mission et la finalité de l'entreprise sont comprises et correctement communiquées à votre équipe. En effet, la motivation est plus forte quand nous pouvons donner un sens global à notre action, dans la vie privée comme dans le monde professionnel. Il est donc important de prendre du recul et expliquer aux collaborateurs la finalité de leur travail. Et la finalité de leur travail est finalement simple : c'est faciliter la vie au client, rendre leur vie plus agréable. La mission devrait être qu'aucun client ne puisse regretter son achat.

Si vous vendez des jouets, la mission pourrait être « de rendre les enfants heureux ». Et c'est donc en aidant les parents qui appellent le service client pour comprendre comment le jeu marche que vous remplirez cette mission. En même temps, si la mission de l'entreprise est de rendre les enfants heureux, les jouets qui seront conçus dans l'entreprise devraient l'être de telle façon qu'il n'y ait même pas besoin d'appeler le service client.

Si vous vendez des vélos de course : la finalité est de vendre des vélos qui permettent aux cyclistes de ne plus se préoccuper du matériel, mais de se concentrer uniquement sur leurs performances sportives. Un client qui appelle le service client devra y trouver des conseils pertinents par rapport à sa passion : votre collaborateur doit pouvoir se conseiller sur la tension de la chaîne, les huiles à utiliser, etc.

Quels que soient les produits que vous vendez, essayez de trouver une finalité à ce que vous vendez pour pouvoir motiver vos collaborateurs. Si vous avez du mal à définir le sens de votre action au service client, ou si vous voulez impliquer vos collaborateurs, vous pourriez par exemple organiser un atelier de deux heures durant lequel vous devrez répondre à la question :
« – Quel est notre rôle au service client ?
- Quel service rendons-nous à nos clients ?
- En quoi cela rend la vie des clients plus facile ? »

Si une telle réunion peut paraître une perte de temps sur le court terme, la motivation inconsciente qui en résultera peut augmenter l'efficacité de votre service client.

Quand vous donnez une finalité à l'action d'une équipe, et plus particulièrement au service client, non seulement il est plus facile de motiver les individus, car ils savent pourquoi ils font les choses, mais vous diminuez le nombre des erreurs. En effet, quand vous savez quel est le but de l'entreprise, vous savez plus facilement comment réagir de façon adéquate.

CONCLUSION

La relation client est un élément essentiel de la réussite des entreprises et vous êtes en première ligne pour aider vos clients à apprécier les produits que vous vendez. Vous devez gérer une équipe, la motiver, mettre en place les conditions matérielles qui lui permettent de remplir au mieux sa mission.

Gardez en tête que dans de nombreux secteurs d'activité, les clients achètent les produits chez un fournisseur non pas parce que les produits sont bien, mais parce que le client aime bien l'entreprise, c'est-à-dire qu'il aime bien le contact avec le service client de l'entreprise.

Vous allez devoir d'une part améliorer la qualité du service client, en augmentant la satisfaction de vos clients, et d'autre part améliorer l'efficacité de l'équipe au service client, à laquelle il faudra expliquer clairement et sans ambiguïté la finalité de leur action, et il faudra donner une certaine autonomie aux individus tout en les formant pour qu'ils améliorent leurs compétences.

L'AUTEUR

Philippe Massol est docteur en immunologie et après avoir passé un MBA, a travaillé dans un fonds d'investissement spécialisé dans l'innovation. Il a été conseiller en stratégie et forme aujourd'hui à la fois des étudiants de grandes écoles de commerce et des professionnels en entreprise sur les thématiques liées au développement d'affaires : communication d'entreprise, marketing stratégique, gestion de l'innovation, création de valeur, prospection, vente et gestion du service.

Philippe Massol est également le formateur francophone pour LinkedIn pour les thématiques liées au développement d'affaires : entrepreneuriat, développement de l'innovation, vente et service client.

Vous pouvez le joindre facilement sur son compte LinkedIn :

https://www.linkedin.com/in/philippemassol/

COLLECTION BUSINESS PRATIQUE
ÉVALUER MOTIVER COACHER UNE ÉQUIPE DE VENTE POUR PLUS DE CHIFFRE D'AFFAIRES
LEADERSHIP COMMERCIAL ET KPI POUR RESPONSABLE COMMERCIAL, CHEF DES VENTE, MANAGER COMMERCIAL ET CHEF D'ENTREPRISE
Smart Albinos
Dr Philippe Massol

Business Pratique
SmartAlbinos
ENTREPRENDRE
SANS ARGENT
SANS RISQUE
SANS ECHEC
Vous ne pouvez être que sceptique face à un titre pareil. Et pourtant, Vingt-sept super-entrepreneurs américains sont partis seuls, sans argent, sans possibilité d'emprunter et ont développé des business à plus de 500 millions $. Leur façon de gérer un business est radicalement différente de celle qui est enseignée dans les écoles de commerces en France. C'est également très loin de ce qu'utilisent la majorité des incubateurs Français. Ce livre a pour objectif de vous expliquer leur logique.
DR PHILIPPE MASSOL

Business Pratique
VENDRE
TECHNIQUES DE VENTE
8 ÉTAPES
Philippe Massol
Smart Albinos

BUSINESS PRATIQUE
INTRApreneuriat
TRANSFORMEZ VOS EMPLOYES EN ENTREPRENEURS QUI CREENT DE LA VALEUR POUR VOTRE ENTREPRISE
DR PHILIPPE MASSOL
Smart Albinos

PROSPECTION COMMERCIALE EN BtoB
TECHNIQUES POUR GAGNER DE NOUVEAUX CLIENTS EN BtoB POUR PME OU TPE QUI VENDENT DES PRODUITS OU SERVICES À PLUS DE 200€
Smart Albinos
Dr Philippe Massol

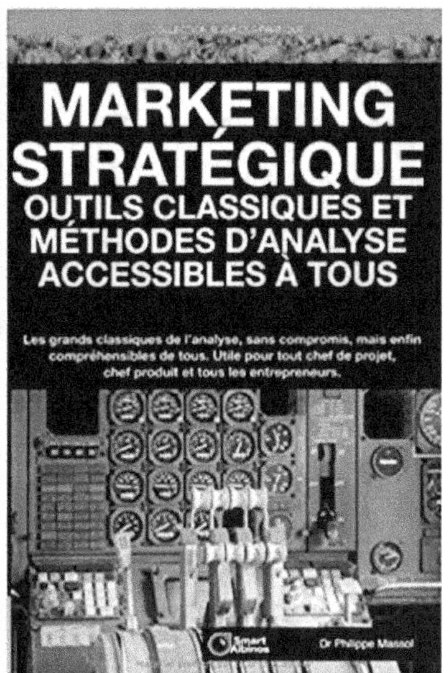

MARKETING STRATÉGIQUE
OUTILS CLASSIQUES ET MÉTHODES D'ANALYSE ACCESSIBLES À TOUS
Les grands classiques de l'analyse, sans compromis, mais enfin compréhensibles de tous. Utile pour tout chef de projet, chef produit et tous les entrepreneurs.
Smart Albinos
Dr Philippe Massol

SMARTALBINOS
Dr Philippe Massol
EVOLUER DE COMMERCIAL A RESPONSABLE DES VENTES
Smart Albinos

Analyse Financière pour les allergiques à la comptabilité
LA MÉTHODE D'ANALYSE FINANCIERE FACILE À APPLIQUER
Garanti SANS migraine
SmartAlbinos
DR PHILIPPE MASSOL

COLLECTION BUSINESS PRATIQUE
DIRIGER UNE ÉQUIPE DE SERVICE A LA CLIENTÈLE
DIRIGER UN SERVICE CLIENT
Smart Albinos
Dr Philippe Massol

Smart Albinos
DR PHILIPPE MASSOL
MÊME LES POULES ONT DES IDÉES D'ENTREPRISE !
APPRENEZ COMMENT ABORDER LA CRÉATION D'ENTREPRISE DE LA BONNE MANIÈRE ET ARRÊTEZ DE CHERCHER DES IDÉES

AUTO-ENTREPRENEUR
SANS ARGENT
SANS RISQUE
SANS ECHEC
Smart Albinos
DR PHILIPPE MASSOL